樹脂粘土で作る
ニュアンスカラーの
アクセサリー
はないろ32色

Hanah

はじめに

Hanahのアクセサリーは、1枚1枚花びらを広げ、その花びらでお花を組み立てる樹脂粘土のお花。今回は「色」がテーマになっています。白い樹脂粘土に絵の具で自由に色づけ。ときには1色で、ときには数色の絵の具を混ぜ合わせて。ほんの少し、つまようじの先程度の絵の具の量で、がらっと仕上がりの印象が変わります。

仕上がったときに思い通りの色ができる喜びも樹脂粘土の魅力です。
微妙な色の違いでキレイなグラデーションを表現する、少しくすませて落ち着いた印象にするなど、色作りのコツまでていねいにご紹介します。
Hanah色の「32色」はどの組み合わせでも、喧嘩することなくキレイに仕上がる色です。
あなたも、自分だけの「色」のお花を咲かせてみてください。

Hanah
clay flower accessory

Contents

はじめに …………………………………………… 2

Bloom field
[32色のお花畑]

1輪のピアス

作品 ▶ お花の作り方 ▶ 製図

- ゴージャスフリル
  （淡藤色・薄金色・柳色）……… 6-7 ▶ 54 ▶ 66
- ブロッサム（氷色・梅色）………… 6-7 ▶ 50 ▶ 66
- マーガレット（くるみ色）………… 7 ▶ 56 ▶ 66
- スリーペタル
  （みかん色・萌黄色・かすみ色）… 6-7 ▶ 52 ▶ 66
- スターフラワー（ゆり色）………… 7 ▶ 58 ▶ 66
- レディフラワー
  （撫子色・たんぽぽ色・薄紅色）… 6-7 ▶ 60 ▶ 66
- フラットフラワー（菜花色・若草色）… 6-7 ▶ 57 ▶ 66
- ハートフラワー
  （紫陽花色・秋桜色・雲色）……… 6-7 ▶ 59 ▶ 66
- シンプルフラワー（れもん色）…… 6 ▶ 51 ▶ 66

ゆれるパールピアス
- フラットフラワー（栗色）………… 6 ▶ 57 ▶ 66
- マーガレット（藤色）……………… 7 ▶ 56 ▶ 66

プチゴージャスピアス
- シンプルフラワー（椿色）………… 6 ▶ 51 ▶ 67
- スターフラワー（桃色）…………… 6 ▶ 58 ▶ 67
- プチフラワー（銀灰色）…………… 6 ▶ 53 ▶ 67
- プチフラワー（杏色×菜花色）…… 6 ▶ 53 ▶ 67
- シンプルフラワー（ばら色）……… 7 ▶ 51 ▶ 67
- スターフラワー（つゆ草色）……… 7 ▶ 58 ▶ 67
- プチフラワー（薄藍色）…………… 7 ▶ 53 ▶ 67

リーフピアス
- ブロッサム（すみれ色）…………… 7 ▶ 50 ▶ 67
- ハートフラワー（淡空色）………… 7 ▶ 59 ▶ 67

タッセルピアス
- ゴージャスフリル（桜色）………… 6 ▶ 54 ▶ 67
- マーガレット（純白色）…………… 6 ▶ 56 ▶ 67

Pink
[ピンク]

シンプルフラワーのピアス

作品 ▶ お花の作り方 ▶ 製図

- （薄紅色×淡藤色）………………… 11 ▶ 51 ▶ 68
- （ばら色×純白色）………………… 11 ▶ 51 ▶ 68
- かくしパールの
  スリーペタルピアス（椿色）……… 11 ▶ 52 ▶ 68
- 小さなお花のリングブローチ
  （秋桜色×桜色×桃色×純白色）…… 12 ▶ 51, 53 ▶ 68
  （薄紅色×ばら色×撫子色×桜色×純白色）… 12 ▶ 51, 53 ▶ 68
  （椿色×薄紅色×藤色×純白色）…… 12 ▶ 51, 53 ▶ 68
- シンプルフラワーのネックレス
  （椿色×純白色×薄紅色）…………… 13 ▶ 51 ▶ 69
- レディフラワーのクロスリング（椿色）… 14 ▶ 60 ▶ 69
- フラットフラワーのリング（薄紅色）… 14 ▶ 57 ▶ 69
- ブロッサムのブレスレット
  （秋桜色×桜色×純白色）…………… 15 ▶ 50 ▶ 69
- スイートなスマホケース
  （ばら色×撫子色×藤色×純白色）… 15 ▶ 57, 59 ▶ 61
  （秋桜色×桃色×れもん色×純白色）… 15 ▶ 53, 57, 59 ▶ 62

Purple
[パープル]

ブーケペンダント

作品 ▶ お花の作り方 ▶ 製図

- （藤色×すみれ色×菜花色）………… 17 ▶ 57, 59 ▶ 70
- （桜色×淡藤色×純白色）…………… 17 ▶ 57, 59 ▶ 70

ゴージャスフリルのバレッタ
- （淡藤色×桜色×純白色）…………… 18 ▶ 54 ▶ 70
- （藤色×淡藤色×純白色）…………… 18 ▶ 54 ▶ 70
- （薄紅色×桜色×純白色）…………… 18 ▶ 54 ▶ 70

スリーペタルと
スターフラワーのピアス
- （撫子色×淡藤色×純白色×たんぽぽ色）… 19 ▶ 52, 58 ▶ 70
- スターフラワーの花咲くピアス
  （淡藤色×撫子色×純白色）………… 19 ▶ 58 ▶ 71

Cream yellow & orange
[クリームイエロー&オレンジ]

プチフラワーのブーケピアス

作品 ▶ お花の作り方 ▶ 製図

- （れもん色×たんぽぽ色×純白色）… 20 ▶ 53 ▶ 71
- （みかん色×杏色×純白色）………… 20 ▶ 53 ▶ 71

フラットフラワーのピアス
- （杏色）……………………………… 21 ▶ 57 ▶ 71
- （れもん色）………………………… 21 ▶ 57 ▶ 71

花咲くバングル
- （薄金色×純白色×菜花色×淡藤色）… 22 ▶ 56, 57 ▶ 72
- （桜色×純白色×みかん色×れもん色）… 22 ▶ 56, 57 ▶ 72

ハッピーカラーのミラー
(みかん色×杏色×たんぽぽ色×
純白色×れもん色×若草色) …… 22 ▶ 52, 57, 59 ▶ 73

レディフラワーの
パールネックレス(菜花色)…… 22 ▶ 60 ▶ 72

シンプルフラワーのリング
(れもん色×たんぽぽ色×梅色)…… 23 ▶ 51 ▶ 73
(杏色×たんぽぽ色×純白色)…… 23 ▶ 51 ▶ 73

作品 ▶ お花の作り方 ▶ 製図

Blue
[ブルー]

ブロッサムのパールピアス
(氷色) …………………………… 25 ▶ 50 ▶ 73
(薄藍色) ………………………… 25 ▶ 50 ▶ 73

ブルーの花冠
(紫陽花色×氷色×淡空色×純白色)… 26 ▶ 52, 56, 58 ▶ 74

ブーケブローチ
(薄藍色×つゆ草色×薄金色×純白色)… 27 ▶ 51, 57 ▶ 74
(紫陽花色×淡空色×氷色×純白色)… 27 ▶ 51, 57 ▶ 74

スターフラワーのペンダント
(淡空色×氷色×純白色)………… 27 ▶ 58 ▶ 75

シンプルフラワーと
スターフラワーのリング
(氷色×純白色) ………………… 28 ▶ 51, 58 ▶ 75
(薄藍色×純白色) ……………… 28 ▶ 51, 58 ▶ 75

フォトフレーム
(薄藍色×つゆ草色×
紫陽花色×純白色)……………… 29 ▶ 52, 54, 57, 58, 59 ▶ 76
(淡空色×氷色×
淡藤色×純白色)………………… 29 ▶ 51, 52, 54, 57, 59 ▶ 76

Green
[グリーン]

ブロッサムのバレッタ
(若草色×純白色) ……………… 30 ▶ 50 ▶ 76
(萌黄色×若草色) ……………… 30 ▶ 50 ▶ 76

フラットフラワーのヘアピン
(若草色) ………………………… 30 ▶ 57 ▶ 76
(萌黄色) ………………………… 30 ▶ 57 ▶ 76

大きなシンプルフラワーの
ネックレス(柳色) ……………… 30 ▶ 51 ▶ 77

スリーペタルのパールピアス
(萌黄色) ………………………… 31 ▶ 52 ▶ 77
(柳色) …………………………… 31 ▶ 52 ▶ 77

Natural color
[ナチュラルカラー]

スリーペタルの
スクエアピアス
(ゆり色×くるみ色) …………… 32 ▶ 51, 52 ▶ 77
(栗色×純白色) ………………… 32 ▶ 51, 52 ▶ 77

ゴージャスフリルの
パールブレスレット(純白色)…… 33 ▶ 54, 56 ▶ 78

シンプルフラワーの
ぶらさがりピアス
(栗色×くるみ色×純白色)……… 34 ▶ 51 ▶ 78

レディフラワーの
クロスリング(純白色)…………… 34 ▶ 60 ▶ 69

フラットフラワーのリング(銀灰色)… 34 ▶ 57 ▶ 69

小さなお花の
ドロップイヤリング
(栗色×雲色×純白色)…………… 35 ▶ 51, 53 ▶ 78

プチフラワーの2段ネックレス
(栗色×くるみ色×ゆり色×純白色)… 35 ▶ 53 ▶ 79

Mix color
[ミックスカラー]

プチフラワーの2段ネックレス
(椿色×薄紅色×桜色×藤色×
淡藤色×純白色)………………… 36 ▶ 53 ▶ 79

小さなお花のリングブローチ
(淡藤色×たんぽぽ色×氷色×
純白色×桃色×桜色)…………… 36 ▶ 51, 53 ▶ 79

花束ブローチ
(純白色×桜色×薄金色×淡藤色)… 36 ▶ 52, 56, 58, 59 ▶ 79
(秋桜色×ゆり色×
純白色×れもん色)……………… 36 ▶ 50, 52, 58, 59 ▶ 79

はないろアクセサリーの作り方 …………… 37
フラワーモチーフを作りましょう ………… 38
キレイに仕上げるポイント9 ……………… 40
はないろ32色レシピ ……………………… 42
「はないろ」の色合わせ …………………… 46
はないろとスワロフスキー・クリスタルの
　相性チャート …………………………… 48
基本の花モチーフの作り方 ………………… 50
アクセサリーにしましょう ………………… 63

作品の作り方 ………………………………… 65

❹ 1輪のピアス

how to make ▶ 作品 / p66

お花のモチーフひとつだけで主役級のピアスに。❹-1 淡藤色／花：ゴージャスフリル P54、❹-1 薄金色／花：ゴージャスフリル P54、❹-1 柳色／花：ゴージャスフリル P54、❹-2 氷色／花：ブロッサム P50、❹-2 梅／花：ブロッサム P50、❹-3 くるみ色／花：マーガレット P56、❹-4 みかん色／花：スリーペタル P52、❹-4 萌黄色／花：スリーペタル P52、❹-5 ゆり色／花：スターフラワー P58、❹-6 撫子色／花：レディフラワー P60、❹-6 たんぽぽ色／花：レディフラワー P60、❹-6 薄紅色／花：レディフラワー P60、❹-7 菜花色／花：フラットフラワー P57、❹-7 若草色／花：フラットフラワー P57、❹-8 紫陽花色／花：ハートフラワー P59、❹-8 秋桜色／花：ハートフラワー P59、❹-8 雲色／花：ハートフラワー P59、❹-9 れもん色／花シンプルフラワー P51

Bloom field

1輪から、サマになる、
シンプルなイヤーアクセサリーで、
32色が勢ぞろい。
色も種類も様々なお花が咲いた
景色をイメージして。

B ゆれるパールピアス
how to make ▶ 作品 / p66
コットンパールのさりげない輝きで視線を集めて。B-1 藤色／花：マーガレット P56、B-2 栗色／花：フラットフラワー P57

D リーフピアス
how to make ▶ 作品 / p67
まるで本物のお花!? メタリックな葉をのぞかせて。D-1 すみれ色／花：ブロッサム P50、D-2 淡空色／花：ハートフラワー P59

C プチゴージャスピアス
how to make ▶ 作品 / p67
ミニマルだけど盛れる小さなお花たち。C-1 ばら色／花：シンプルフラワー P51、C-2 椿色／花：シンプルフラワー P51、C-3 桃色／花：スターフラワー P58、C-4 つゆ草色／花：スターフラワー P58、C-5 薄藍色／花：プチフラワー P53、C-6 銀灰色／花：プチフラワー P53、C-7 杏色×菜花色／花：プチフラワー P53

E タッセルピアス
how to make ▶ 作品 / p67
スエード調のタッセルでトラッドに仕上げるピアス。E-1 桜色／花：ゴージャスフリル P54、E-2 純白色／花：マーガレット P56

9

$\mathcal{P}ink$
ピンク

微妙なニュアンスで作るピンクは、
大人がつけても甘すぎない。
白がほんのり色づいたような桜色から、
大人っぽさを感じる椿色まで、
自分に似合う色を見つけて。

シンプルフラワーの
ピアス

A-1

A-2

かくしパールの
スリーペタル
ピアス

↑ 色の濃淡や組み合わせで印象が変わる。左：大人に似合うペールトーンの薄紅色×淡藤色。右：王道に可愛いばら色×純白色／花：P51、作品：P68 Ⓐ
➡ ダークなレッドにハッとするイエローの石が映える。椿色／花：P52、作品 P68 Ⓑ

11

小さなお花の
リングブローチ

C-1

C-2

C-3

⬆ 同じお花でも全然違う雰囲気に。右：オレンジ系のピンクでやわらかな秋桜色×桜色×桃色×純白色。左：青みがかったピンクでクールにまとめた薄紅色×ばら色×撫子色×桜色×純白色。⬅ 濃い色と淡色でメリハリをつけた椿色×薄紅色×藤色×純白色／花：P51、P53、作品：P68 **C**

シンプルフラワーの
ネックレス

同系色の濃い色と淡い色の間に白を差し
込んでメリハリをつけたネックレス。椿色×
純白色×薄紅色／花：P51、作品：
P69 ⓓ

手先にちょこんと咲く可愛らしいリング。左：艶やかなレッドにクリスタルが輝く椿色／花：P60、作品P69 E、右：くすみピンクが大人色。薄紅色／花：P57、作品P69 F

レディフラワーの
クロスリング

フラットフラワーの
リング

ブロッサムの
ブレスレット

淡い色の組み合わせでとことんガーリー。秋
桜色×桜色×純白色／花：P50、作品：P69❻

スイートな
スマホケース

左：オレンジがかったピンクで
大人っぽい。薄紅色×秋桜色
×桃色×れもん色×純白色／
花：P53、P57、P59、作品：
P62。右：ピンクと白の王道の
可愛い色合わせ。ばら色×撫
子色×藤色×純白色／花：
P57、P59、作品：P61

15

Purple
パープル

淡いパープルは，甘すぎない等身大の普段使いの色。
高級感のある藤色や美意識の高まる撫子色など、
女性をキレイに見せてくれる色ばかり。

ブーケ
ペンダント

A-1

A-2

胸もとにパッと花咲く可憐なペンダントを。左：清楚で上品な色でまとめた藤色×すみれ色×菜花色。右：華やかで控えめな花束。桜色×淡藤色×純白色／花：P57、P59、作品：P70 Ⓐ

ゴージャスフリルの
バレッタ

トーンを変えるだけで和にもコンサバにも合う。上：ピンクがかったパープルはほんのり甘く見える。淡藤色×桜色×純白色。中央：ブルーの入ったパープルなら和装にもなじむ。藤色×淡藤色×純白色。下：ピンクと合わせてスイートな薄紅色×桜色×純白色／花：P54、作品：P70 ⓑ

スリーペタルと
スターフラワーの
ピアス

⬆ 立体感のある小花アレンジ。淡色でまとめた4色で上品に。撫子色×淡藤色×純白色×たんぽぽ色／花：P52、P58、作品：P70 **C**

⬅ パープルにくすみピンクの石を合わせて落ち着いた印象に。淡藤色×撫子色×純白色／花:P58、作品：P71 **D**

スターフラワーの
花咲くピアス

Cream yellow & orange
クリームイエロー&オレンジ

フレッシュで元気なイメージのオレンジやイエロー。
大人が楽しむなら、主張しすぎないように
柔らかい色でまとめて。

A-2

A-1

プチフラワーの
ブーケピアス

チアフルなイエローのお花を大ぶりのピアスに仕立てて。上：カーキのパーツが可憐なお花をぐっと大人に。れもん色×たんぽぽ色×純白色。下：初夏の花畑にいるような爽やかな組み合わせ。みかん色×杏色×純白色／花：P53、作品 P71 A

フラットフラワーの
ピアス

B-1

B-2

センターストーンがきらめくカジュアルすぎないピアス。
左：淡いオレンジに赤味の強い石を合わせて夏の
日差しにも負けない。杏色。右：爽やかでつける人
を選ばない。れもん色／花：P57、作品：P71 B

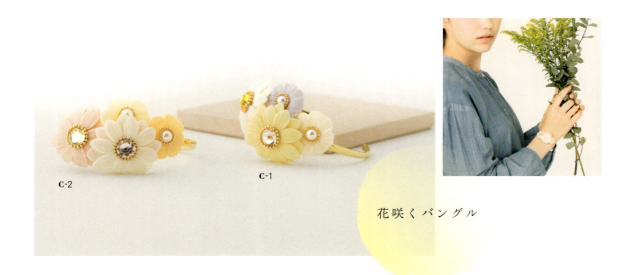

C-2   C-1

花咲くバングル

ハッピーカラーの
ミラー

レディフラワーの
パールネックレス

F-1　F-2

シンプルフラワーの
リング

P22 写真
↑ 手もとを大きな花で彩るバングル。右：淡いみかん色に、パープルの差し色で爽やかな印象に。薄金色×純白色×菜花色×淡藤色。左：オレンジからコーラル系のキレイ色の組み合わせでナチュラルな可愛らしさ。桜色×純白色×みかん色×れもん色／花：P56、P57、作品：P72 C

← オレンジを中心に、6色使いで華やかに詰め込んで。みかん色×杏色×たんぽぽ色×純白色×れもん色×若草色／花：P52、P57、P59、作品 P73 E

← ほんの少し入ったイエローがネイビーの石とマッチ。上品かつフェミニン。菜花色／花：P60、作品 P72 D

↑ そっと摘んだ小さなお花たちを集めて作ったようなリング。左：オペークカラーの石を合わせると春っぽい。れもん色×たんぽぽ色×梅色。右：濃いオレンジの石を合わせると夕日に照らされたようなノスタルジックな印象に。杏色×たんぽぽ色×純白色／花：P51、作品：P73 F

23

Blue
ブルー

クールで知的、少年のようなピュアな
表情を見せるブルー。
大人の落ち着きを見せる薄藍色や
儚げな氷色が繊細なアクセサリーに。

大輪のお花とパールの、シンプルだけど絶対に美人に見える組み合わせ。左：繊細なごく薄いブルーの氷色にはコットンパールがよく合う。右：濃いブルーにするだけで、ふんわりとした花が大人のアイテムに。薄藍色／花：P50、作品：P73 Ⓐ

ブロッサムの
パールピアス

ブルーの花冠

たくさんのお花をぎゅっと集めた可愛らしさ満点の花冠。紫陽花色×氷色×淡空色×純白色／花：P52、P56、P58、作品：P74 Ⓑ

ブーケブローチ

スターフラワーの
ペンダント

シーンを選ばないフラワーブローチ。左：濃いブルーがカジュアルに合わせやすい。薄藍色×つゆ草色×薄金色×純白色。右：淡いカラーでまとめてキレイめな印象の紫陽花色×淡空色×氷色×純白色／花：P51、P57、作品 P74 **C**
薄いブルーのお花で作ったブーケに同じトーンのパープルの石を合わせて。淡空色×氷色×純白色／花：P58、作品：P75 **D**

大粒の石にそっと寄り添う可憐なお花のリング。左：氷色と純白色で清楚な組み合わせ。右：ブルーと白のはっきりとした配色にはなじみのよいベージュの石を合わせて。
薄藍色×純白色／花：P51、P58、作品：P75 **E**

シンプルフラワーと
スターフラワーの
リング

F-2

F-1

フォトフレーム

シンプルなフォトフレームもお花で飾って。プレゼントやウェルカムボードにも。左：モダンにまとまる落ち着きカラー。左：薄藍色×つゆ草色×紫陽花色×純白色／花：P52、P54、P57、P58、P59。右：パステル調のお花なら写真をじゃましない。淡空色×氷色×淡藤色×純白色／花：P51、P52、P54、P57、P59、作品：共に P76 ❻

大きな
シンプルフラワーの
ネックレス

A-2

ブロッサムの
バレッタ

A-1

Green
グリーン

淡いトーンのグリーンは、
実は華やかで合わせやすい万能カラー。
クリーンな印象を与える鮮やかな萌黄色から
落ち着いた色味の渋めの柳色まで、
お花だけでなくポイントとしても
使える万能な3色。

フラットフラワーの
ヘアピン

B-2

B-1

大きなシンプルフラワーのネックレス
渋カラーとパールの組み合わせはハンサムな印象。柳色／花：P51、作品：P77 **C**

ブロッサムのバレッタ
さりげなく華やかなヘアアレンジになるバレッタ。左：薄い色でもさみしくならないようにオレンジの石でポイントを。若草色×純白色。右：2色のグリーンになじむ白系の石でまとめた萌黄色×若草色／花：P50、作品 P76 **A**

フラットフラワーのヘアピン
くすみカラーでお花のヘアピンもこどもっぽくならない。上：同じ若草色のお花でもセンターパーツを替えるだけで印象が変わる。中央：パールのセンターパーツで可憐な1輪に。若草色。下：薄いイエローの石にはフレッシュな萌黄色が合う／花：P57、作品 P76 **B**

※左下の2点は、P31で紹介しています。

スリーペタルの
パールピアス

D-1

D-2

同じパールでも表情が変わる。上：若々しく見える明るい萌黄色。下：合わせる服を選ばないカーキ系の柳色／花：P52、作品：P77 ⓫

Natural color
ナチュラルカラー

白や黒、ブラウンなどのナチュラルカラーは、
あくまでさりげない色に作って。
地味にならずにコーデに溶け込む7色。

A-2　　　A-1

スリーペタルの
スクエアピアス

華やかすぎないお花ピアスにするコツはあくまでニュアンスカラーで合わせること。左：ベージュやブラウンでまとめることでエレガントに。ゆり色×くるみ色。右：黒のパーツでお花をモードに味つけ。栗色×純白色／花：P51、P52、作品：P77 A

大きなお花と上品なコットンパールのブレス
レットは、華やかで特別な日にぴったり。
純白色／花：P54、P56、作品：P78 ⓑ

ゴージャスフリルの
パールブレスレット

シンプルフラワーの
ぶらさがりピアス

耳もとで大人フェミニンなベージュ系
のお花がゆれる。栗色×くるみ色×
純白色／花：P51、作品：P78 ⓒ

レディフラワーの
クロスリング

E-2　　F-2

フラットフラワーの
リング

左：清潔感のある純白色にダークカラーの石でエレガントさをプラス
／花：P60、作品：P69 Ⓔ　右：シンプルなフォルムの花を銀灰
色に替えるだけで一気にシックに／花：P57、作品：P69 Ⓕ

小さなお花の
ドロップイヤリング

プチフラワーの
2段ネックレス

左：お花のブラウンと合わせて、ドロップ形のガラスビーズもアンティークカラーに。栗色×雲色×純白色／花：P51、P53、作品：P78 Ⓓ 右：小さくて可愛いお花もブラウン系でまとめれば媚びない印象に。栗色×くるみ色×ゆり色×純白色／花：P53、作品：P79 Ⓔ

Mix color
ミックスカラー

本書の「はないろ」はどの色も
相性よく計算されてるから、
いろんな色を混ぜるともっと可愛く仕上がる。
多色ならではの、予想もしない色合わせも
楽しみのひとつ。

E-2

プチフラワーの
2段ネックレス

小さなお花の
リングブローチ

A-1

A-2

花束ブローチ

プチフラワーの2段ネックレス
レッドやパープル、ピンクが集まって心もはずむ。椿色×薄紅色×桜色×藤色×淡藤色×純白色／花：P53、作品 P79 Ⓔ

小さなお花のリングブローチ
パステルカラーを選べば自然にまとまる。淡藤色×たんぽぽ色×氷色×純白色×桃色×桜色／花：P51、P53、作品 P79 Ⓑ

花束ブローチ
全部違うお花モチーフ。自分好みに集めてブーケを作って。右：白を中心としてパープルとピンクでまとめると誠実な印象。純白色×桜色×薄金色×淡藤色／花：P52、P56、P57、P58、左：白×ピンクで優しくて甘いブーケのでき上がり。秋桜色×ゆり色×純白色×れもん色／花：P50、P52、P58、P59、作品：共に P79 Ⓐ

はないろアクセサリーの作り方

お花の色レシピやお花モチーフの作り方、
アクセサリー作りのポイントを紹介します。
はないろの色合わせのルールや
スワロフスキーとの相性も参考にしてみてください。

フラワーモチーフを作りましょう

ここからは本書に登場している10種類のフラワーモチーフの作り方を紹介します。
樹脂粘土を丸めたりのばしたりするだけで簡単に立体的なお花が作れます。
基本を押さえて様々なお花モチーフ作りにチャレンジしてみましょう。

基本の作り方

1 樹脂粘土を着色する

樹脂粘土に絵の具をほんの少しだけつけ、手で何度かのばしたりこねたりして、色を均等に混ぜていきます。
▶ 着色レシピはP42を参照。

2 のばす

粘土に色がついたら、粘土棒で平たく均一にのばします。

3 型を抜く・型を作る

クッキー型などで抜き、花びらを1枚1枚切り分けます。型を使わないタイプのものは、花びらを1枚1枚作ります。

4 乾かす

形ができ上がったら、約1日、乾くまでそっと置いておきましょう。

5 成形

花びらを花土台にボンドで貼りつけるなどして成形します。

余った粘土はラップにくるんで保存しましょう

基本の材料

樹脂粘土

乾燥すると耐水性が高まる樹脂性の粘土です。本書では、株式会社パジコのモデナを使用しています。ダイソーなどの100円ショップでも購入できます。

アクリル絵の具

絵の具を粘土に混ぜて着色します。100円ショップで購入できるもので十分です。12色を組み合わせたり、配合を調整したりして色を作ります。

接着剤

乾いた粘土同士の接着には工作用接着剤を、粘土とビジューなどのパーツを接着するときには金属用接着剤を使います。

レジン

ニスや接着剤の代わりにレジンを使うのもおすすめ。しっかりとくっついて強度も増します。本書では株式会社パジコのUV-LEDレジン星の雫［ハードタイプ］を使用します。ライトはLEDライトかUVレジンの場合はUVライトを使います。

ニス

仕上げに塗ることで光沢を出します。防水効果もあります。本書では、株式会社パジコのスーパーエクステリアバーニッシュ［グロス］を使用しています。

パール・ビジュー・チェーン

花芯にするなど、お花を飾りつけるのに使います。チェーンはパールの周りに巻いて、より華やかに。

基本の道具

［必須］

型

粘土は製菓用やお弁当用の型で抜いて、モチーフを作ります。本書では、基本的に100円ショップなどでも手に入りやすい直径2〜3cm程の型を使用しています。

つまようじ

粘土をのばしてフリル状にしたり、花びらにスジをつけたり、ホコリを取ったりするのに使います。

ピンセット

土台に花びらをつけるときや、パールやビジューをのせるときに使います。

［あると便利］

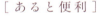

のばし棒

粘土をのばすのに使います。

細工棒（先端が丸、平など）

花びらを丸めたり、先端を使って花びらをお椀状にしたりします。お手持ちのえんぴつやサインペンなどでも代用可能です。

オーブンペーパー

粘土板の代わりにして、この上で粘土をのばします。パレットの代わりに絵の具を出しても◎。

［その他そろえておきたいもの］

はさみ

花びらを切り離すとき、形を整えるときに使います。刃先の小さいものがおすすめ。

定規

型を使わないタイプのモチーフの花びらの分量をそろえたいときなどに使います。

ニッパー

チェーンを切るときに使用します。

キレイに仕上げるポイント9

Hanahさんが、花モチーフ作りのコツをこっそり教えてくれました。
ちょっとの工夫で、よりキレイな仕上がりになります。

Point 1 オーブンペーパーを活用する

粘土板の代わりに使用可能です。ホコリがつきにくいのもうれしい。

絵の具を広げるパレット代わりにもなります。そのまま捨てられて◎。

Point 2 ラップで保管して乾燥を防ぐ

ラップでしっかり包むことで、粘土が乾くのを防ぎます。約1週間で使い切りましょう。

型を抜いて余った粘土も、色別にラップに戻せばムダになりません。

Point 3 何度もこねて色ムラなしのキレイな粘土に

絵の具をつまようじの先端につけ、粘土の中心にごくわずかつけます。使う量はP42に。

絵の具を包むように、周りを折りたたみます。

たたんだ粘土をのばします。これを何度か繰り返します。

色がなじんだら、使用する分だけ取り分け、残りは丸めてラップに包んで保存します。

Point 4 つまようじ使いに慣れる

ホコリ取りに

ホコリがついてしまったときは、つまようじでそっと取ります。

フリル作りに　コロコロ

つまようじを粘土に押しつけて中心を固定し、転がすとフリルができます。

Point 5 スジをつけるとホンモノらしくなる

薄くスジをつけたいときは、つまようじを左右に転がして。

しっかりスジをつけたいときは、細工棒を使うとベター。

Point 6　細工棒でふっくらしたお花に

細工棒の側面を軽く押しあてて、花びらに丸みをつけます。

先が丸い細工棒の先端を押しつけて、お椀状にします。

Point 7　ニスで強度UP＆ツヤ出し効果

ニスを塗ると、光沢感と防水効果が得られます。最低2度は塗りましょう。

Point 8　花びらは多めに作って大きさや形のそろったものでキレイに作る

実際に使用するのはたった数枚でも、何枚か余分に作っておいて形や大きさがそろった花びらを使います。仕上がりのキレイさがアップ！

＼接着にもツヤ出しにも！／
Point 9　便利なLEDレジンを使いこなそう

接着するときはつまようじでレジン液を少量つけます。

スワロフスキー・クリスタルなどをピンセットで貼りつけます。

LED照射器に約30秒入れます。しっかりと固定されていればOKです。

接着のほかにツヤ出しにもレジンを活用できます。

UVレジンでも同じ効果を得られますが、LEDレジンのほうが色をキレイに保てます。

はないろ32色レシピ

樹脂粘土は、アクリル絵の具を混ぜることで様々な色をつけることができます（P40「Point 3」参照）。
ほんの少しのさじ加減で変化するニュアンスカラーの32バリエ。本書では絵の具はサクラクレパスのものを使用しています。

絵の具の配合方法

すべて5g（直径約2cmの玉）の樹脂粘土を基準にしています。

絵の具の基本の分量

基準量

1 ＝ つまようじの先にほんの少し取った量

※1/2は基準量の半分を表します。

大盛り

大1

※大盛りは基準量の4倍くらいです。

 ＝ あらかじめ絵の具を混ぜて色を作るときの目安量

樹脂粘土や絵の具のメーカーによって、若干発色が異なります。お好みで調整してください。

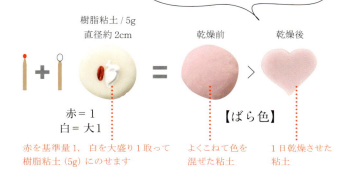

ピンク系

樹脂粘土は乾くと色がやや鮮やかになります。「ちょっと薄いかな」と感じるくらいにしておくといいでしょう。

樹脂粘土／5g　直径約2cm　乾燥前　乾燥後

赤＝1
白＝大1

【ばら色】

赤を基準量1、白を大盛り1取って樹脂粘土（5g）にのせます　よくこねて色を混ぜた粘土　1日乾燥させた粘土

ナチュラル系

樹脂粘土はそのまま乾くとやや黄味を帯びるため、白の絵の具を混ぜることで、くすみのない色に仕上がります。

樹脂粘土／5g　乾燥前　乾燥後

白＝1

【純白色（じゅんぱく）】

Pink

ピンク系

白を多めに入れてふんわり可愛いパステル調

乾燥前

赤＝1/2
白＝大1

【薄紅色（うすべに）】

少しサーモンピンクがかった女性らしい穏やかな色味

乾燥前

赤＝大1
オーカー（黄土色）＝2
白＝大1

【秋桜色（こすもす）】

ほんの少しのイエローで上品に仕上がる。
身につけるだけで女子力がアップしそう

赤 = 2
オーカー = 1
白 = 大1

【桃色】

桃色がさらに薄くなって
控えめな花色を思わせる美しい色

赤 = 1
オーカー = 1/2
白 = 大1

【桜色】

華やかで濃いめのピンク。
派手すぎず落ち着いたオレンジ系ピンク

赤 = 1
オレンジ = 1
白 = 大1

【梅色】

ほんの少し黒を混ぜることで上品な色味に。
美しさを引き出してくれる華やかなピンク

(赤 = 5) : (黒 = 1) = 大3
白 = 大1

【椿色】

Cream yellow & orange

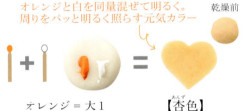

オレンジと白を同量混ぜて明るく。
周りをパッと明るく照らす元気カラー

オレンジ = 大1
白 = 大1

【杏色】

オレンジとイエローを混ぜると
素朴であたたかみのある色に

(レモンイエロー = 1) : (オレンジ = 1) = 2
白 = 大1

【みかん色】

オレンジの量を減らすだけで
ジューシーな色に

オレンジ = 2
白 = 大1

【たんぽぽ色】

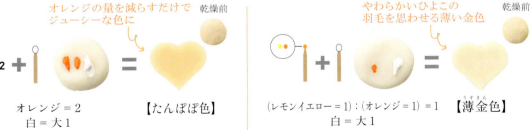

やわらかいひよこの
羽毛を思わせる薄い金色

(レモンイエロー = 1) : (オレンジ = 1) = 1
白 = 大1

【薄金色】

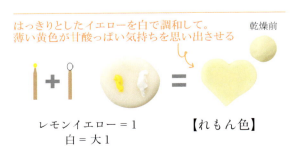

はっきりとしたイエローを白で調和して。
薄い黄色が甘酸っぱい気持ちを思い出させる

レモンイエロー = 1
白 = 大1

【れもん色】

白にほんの少しイエローを混ぜるだけで
優しい一面をもったほがらかな色味に

レモンイエロー = 1/2
白 = 大1

【菜花色】

Green 緑系

鮮やかなグリーンの発色は残すようにして。
気持ちをリフレッシュさせてくれる

みどり＝1
オーカー＝2
白＝大1

【萌黄色】

黄味を強くして少しにごらせる。
どんなお花とも相性のよい万能カラー

みどり＝1
オーカー＝大1
白＝大1

【柳色】

きみどりに黄味を加えて落ち着きのある明るい色に。純粋でものやわらかな癒し系グリーン

きみどり＝1
オーカー＝2
白＝大1

【若草色】

Point 色の調整は白い粘土で

加減しながら白を足して

色が濃くなりすぎたと感じたら、白の粘土を足せば調整できます。

Blue 青系

黒を混ぜて少しトーンを落として。
凛とした姿に見せてくれる濃いブルー

（黒＝1）：（青＝5）＝大2
白＝大1

【薄藍色】

白とダークめの青を混ぜることで
優しくて落ち着いた色味に

（黒＝1）：（青＝5）＝大1
白＝大1

【つゆ草色】

はっきりとした青も同量の白で調整。
雨でしっとりと濡れた花びらのよう

青＝大1
白＝大1

【紫陽花色】

青の入れすぎに注意！
どんな色もじゃましない和カラー

青＝2
白＝大1

【淡空色】

使う絵の具はほんの少し！　さりげない青で
儚げなペールトーンが可憐な印象を作り出す

青＝1
白＝大1

【氷色】

Point オリジナルカラーを作る

少しずつ混ぜて

絵の具の組み合わせの調整が難しいときは、先に作りたい色を作ってもよいでしょう。

紫系 / Purple

青味を強くした配合に。清潔感のある
パープルでたくさん使っても繊細な印象

 =

（青 = 2）：（赤 = 1）= 2
白 = 大1
【藤色】

パープル感を白の絵の具でおさえた
甘めのパステルカラーでスイートに

（青 = 2）：（赤 = 1）= 1
白 = 大1
【淡藤色】

赤紫色で作る可愛い系パープル。
ペールトーンでも濃い色にも負けない力強さ

 =

（青 = 1）：（赤 = 2）= 2
白 = 大1
【撫子色】

赤にごくわずかの青を混ぜて甘すぎない。
さりげなくスイートな要素を取り入れられる

  =

（青 = 1）：（赤 = 2）= 1
白 = 大1
【すみれ色】

ナチュラル系 / Natural color

赤味をおさえるために少量の黒をプラス。
グリーンとの相性抜群のシックなブラウン

  =

（黒 = 1）：（茶 = 2）= 大6
白 = 大1
【栗色】

茶色の量を減らすとやわらかくなる。
全体を大人っぽくまとめるニュアンスカラー

 =

（黒 = 1）：（茶 = 2）= 大3
白 = 大1
【くるみ色】

茶色と白を1：1で合わせるだけ。
綿菓子のようなドリーミーなトーン

  =

（黒 = 1）：（茶 = 2）= 大1
白 = 大1
【かすみ色】

白にほんの少しオーカーを足すだけ！
凛とした女性らしさを感じる絶妙な白

 =

オーカー = 1/2
白 = 大1
【ゆり色】

黒はほんの少しだけ！
何にでも合わせやすいクールな白

  =

黒 = 1/2
白 = 1
【雲色】

白をほんのり混ぜるだけでふんわり仕上がりに。
独特な色でミステリアスな雰囲気をまとえる

 =

黒 = 3
白 = 1
【銀灰色】

「はないろ」の色合わせ

基本的に今回の「はないろ」はどんな組み合わせでも相性がよくなるようになっていますが、
色の組み合わせ方の基本的な考え方がわかると、ますます作ることが楽しくなります。
同じ種類のお花でも色の合わせ方ひとつでキュートな印象になったり、
大人っぽい印象になったり様々な表情に。アクセサリー作りの参考にしてみてください。

グラデーション

色を同系色のトーンでまとめながら濃淡をつけて組み合わせる方法のこと。
徐々に色が変化することで見たときに安心感を与えます。

パターン1 澄んだ色から暗い色へと変わるグラデーション

ゴージャスフリルの
バレッタ
▶ P18 掲載

純白色　　淡藤色　　藤色

白から薄い紫、濃い紫へと変わっています。大ぶりのアクセサリーも落ち着いた印象に。

パターン2 淡い色から明るい色へと変わるグラデーション

ゴージャスフリルの
バレッタ
▶ P18 掲載

純白色　　桜色　　薄紅色

白から薄いピンク、ワントーン明るいピンクへと変わっています。甘くなりがちなピンクも明るい色で引き締まった印象です。

パターン3 色合いの異なるものを並べるグラデーション

ゴージャスフリルの
バレッタ
▶ P18 掲載

淡藤色　　桜色　　純白色

紫からピンクへ移り、白に変わっています。色合いがバラバラでもトーンが同じなのでまとまりがあります。

色相	色相環
赤や青、黄色などの色味の性質を色相といいます。赤と黄色を混ぜるとオレンジに、緑と青なら青緑というように色相は連続してつながっています。隣り合う色同士はなじむ組み合わせです。	色相の連続した変化をわかりやすく示した色の輪のこと。色相環の中で正反対の位置にある色同士のことは「補色」と言い、補色同士の組み合わせは人目を引く華やかな印象に。

コントラスト

色合いや色の明るさなどに大きく差をつけた配色方法のこと。
色の違いの差が大きいほど人の目を引きやすくなるのが特徴です。

パターン1 同一色相でのコントラスト

同じ色相の色同士の組み合わせ。統一感があり、イメージが伝わりやすくなります。スワロフスキーの色も同じトーンです。

- 純白色
- 杏色
- たんぽぽ色

シンプルフラワーのリング ▶ P23掲載

パターン2 似たトーンでのコントラスト

ピンクにオーカーやオレンジが入っているとまとまりがよくなります。トーンを近づけることがポイントです。

- たんぽぽ色
- 梅色
- れもん色

シンプルフラワーのリング ▶ P23掲載

セパレーション

2色の間に別の色を入れることで分離（セパレート）させ、
元々の配色を引き立てる方法です。セパレートする色には白や黒などの無彩色やそれに近い色を選ぶこと。

パターン 白のセパレーション

微妙な濃淡の差がある色同士の間に白を入れることでメリハリがつきます。純真無垢な印象になります。

- 撫子色
- 純白色
- 淡藤色

スターフラワーの花咲くピアス ▶ P19掲載

濃いピンクと薄いピンクはそのまま並べると差が目立ちますが、白を入れることで、落ち着いて見ることができます。

- 椿色
- 純白色
- 薄紅色

シンプルフラワーのネックレス ▶ P13掲載

はないろとスワロフスキー・クリスタルの相性チャート

はないろ32色と相性のいいスワロフスキー・クリスタルのカラーをまとめました。

Hanah的スワロフスキー・クリスタル BEST10

お花モチーフの花芯としてよく使うスワロフスキー・クリスタル。
Hanahさんの作品でよく使う色を使い方のポイントと一緒に紹介します。

No.1 ジョンキル

ピンク、オレンジ、ブルーとなじみがよいのでよく使います。

椿色　　梅色　　秋桜色　　杏色　　薄藍色

No.2 ライト・シルク

どんな色とも合う優しいカラーで、全体がふんわりとしたトーンでまとめられて◎。

くるみ色　　すみれ色　　氷色　　菜花色　　雲色

No.3 クリスタル

寒色やナチュラルカラーとの相性抜群！キリッとした仕上がりになります。

銀灰色　　かすみ色　　藤色　　つゆ草色　　萌黄色

No.4 ホワイトオパール

パステル調カラーに合わせることが多いです。

柳色　淡空色　桜色　淡藤色　れもん色

No.5 ライト・トパーズ

差し色によく使います。

紫陽花色　すみれ色　薄金色

No.6 サファイア

ブルー系はもちろん、イエローにも。

淡空色　菜花色　ゆり色

No.7 シトリン

ライト・トパーズより明るく目立つ差し色として。

椿色　撫子色　藤色

No.8 エアブルーオパール

パステルブルーが可愛い。

氷色　薄金色　ゆり色

No.9 ヴィンテージローズ

くすみ系ピンクがよく合います。

れもん色　菜花色　純白色

No.10 クリソライトオパール

イエロー系のアクセントに使える！

若草色　菜花色　純白色

石座のつけ方

石座にスワロフスキー・クリスタルを置き、番号順にツメを平ヤットコで折っておさえます。

ツメを押さえるときは、指でスワロフスキー・クリスタルとツメをしっかり固定します。

4か所すべて押さえて、スワロフスキー・クリスタルをしっかりと留めましょう。

ブロッサム
Blossom

完成サイズ / 直径約 2.5cm

材料	樹脂粘土…少量、アクリル絵の具…ごく少量、半パール(2mm)…1個、接着剤
道具	桜の型（直径約2.5cm）、オーブンペーパー、のばし棒、つまようじ、細工棒、はさみ、ピンセット

花びらを作る

1 粘土に白と好みのアクリル絵の具を混ぜ、厚さ1mmほどにのばし棒でのばして桜の型で1枚抜きます。

2 つまようじの先端を粘土の中心に置き、先端を軸として1枚の花びらの間を往復するように転がします。

3 5枚の花びらすべてにつまようじを転がし、広げたところ。

4 中心に向かってはさみを入れ、花びらを1枚ずつ切り離します。

5 5枚の花びらを切り離したところ。形がゆがんだらつまようじの先で形を整えます。

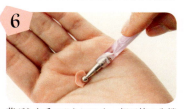

6 花びらを手のひらにのせ、細工棒の先端を転がしながら押しつけて、丸みを持たせます。

花の形に組み立てる

7 中心に向かって縦に軽く押しつけるだけで丸くなります。

8 5枚すべてに丸みをつけたら約1日乾かします。

Dry 1day

9 同じ色の粘土で直径約8mm、厚さ2mmの花土台を作ります。

飾りつける

10 花びらの裏の先端に接着剤をつけて、ピンセットで9の花土台にしっかりと貼りつけます。

11 花びらを約1mmずつ上に重ねながら5枚の花びらを貼りつけます。

12 中心につまようじで接着剤をつけたら、ピンセットで半パールをつけます。

シンプルフラワー
Simple flower

花アイコン

完成サイズ／直径約1.5cm

材料 樹脂粘土…少量、アクリル絵の具…ごく少量、半パール(2mm)…1個、接着剤

道具 オーブンペーパー、つまようじ、細工棒、はさみ、ピンセット、定規

花びらを作る

1

粘土に白と好みのアクリル絵の具を混ぜ、直径約3mmくらいに丸めます。

2

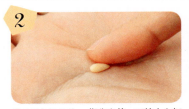

手のひらにのせ、指先を使って粘土を転がし、ドロップ状にします。

3

長さ約8mmほどのドロップ状にしたら、指で押して厚さ約1mmに平らにします。

4

頂点につまようじの先端を当てて軸にし、左右に転がしてスジをつけます。

6

先が細いほうを指でつまんで中央に少しスジをつけます。
※ P61のスマホケースのときは5、6の工程は省略します。

6 Dry 1day

5枚の花びらの形を整え、約1日乾かします。

7

先端の細くなった部分をはさみで切ります。

8

表

5枚すべて形を整えたところ。

花の形に組み立てる

9

2mm / 4mm

同じ色の粘土で直径約4mm、厚さ2mmの花土台を作ります。

飾りつける

10

花びらの裏の先端に接着剤をつけて、ピンセットで9の花土台にしっかりと貼りつけます。

11

花びらを重ねずに5枚の花びらを貼りつけます。

12

中心につまようじで接着剤をつけたら、ピンセットで半パールをつけます。

スリーペタル
Three petals
完成サイズ／縦約2×横約2cm

材料	樹脂粘土…少量、アクリル絵の具…ごく少量、半パール（2mm）…1個、接着剤
道具	星の型（直径約2.5cm）、オープンペーパー、のばし棒、つまようじ、細工棒、はさみ、ピンセット

花びらを作る

1

粘土に白と好みのアクリル絵の具を混ぜ、厚さ約1mmにのばし棒でのばして、星の型で1枚抜きます。

2

型で抜いたところ。1つの角を花びらと見立てます。

3

つまようじの先端を粘土の中心に置き、先端を軸として1枚の花びらの間を往復するように転がします。

4

5枚の花びらすべてをつまようじで広げたところ。

5

中心に向かってはさみを入れ、花びらを1枚ずつ切り離します。

6

5枚の花びらを切り離したところ。

7

花びらのとがっているほうを指先でつまみます。

8
中央にスジが入ります。

9

5枚すべてつまみ、そのまま約1日乾かします。使用するきれいな3枚を選んでおきましょう。

Dry 1 day

花の形に組み立てる

10

貼りつけやすいように、先端をはさみで少しカットします。

11

3枚すべての形を整えたところ。 — 表

12

同じ色の粘土で直径約7mm、厚さ約1〜2mmの花土台を作ります。

飾りつける

13 花びらの裏側の先端に接着剤をつけて、ピンセットで12の花土台にしっかり貼りつけます。

14 花びら同士はあまり重ねずに3枚貼りつけます。

15 半パールに接着剤を塗り、ピンセットで花の中央に貼りつけます。

花アイコン

プチフラワー
Petit flower

完成サイズ／直径約1cm

材料 樹脂粘土…少量、アクリル絵の具…ごく少量、半パール(2mm)…1個、接着剤

道具 小さな花の型（直径約1cm）、オーブンペーパー、のばし棒、つまようじ、細工棒、ピンセット

花びらを作る

1 粘土に白と好みのアクリル絵の具を混ぜ、厚さ1mmほどにのばし棒でのばして小さな花の型で1枚抜きます。

2 型からはずすときは、細工棒などを使うときれいにはずれます。

3 花びらを手のひらにのせて、細工棒の先端を中心に押しあてて丸みをつけます。約1日乾かします。

Dry 1 day

飾りつける

4 中心につまようじで接着剤を塗り、半パールをピンセットで貼りつけます。

ゴージャスフリル
Gorgeous frill

花アイコン

完成サイズ／直径約 4.5cm

材料 樹脂粘土…少量、アクリル絵の具…ごく少量、半パール（8mm）…1個、ボールチェーン…約2.5cm、接着剤

道具 ハートの型、オーブンペーパー、のばし棒、つまようじ、細工棒、はさみ、ピンセット、定規、ニッパー

1・2段めの花びらを作る

1

1段めの花びらを作ります。粘土に白と好みのアクリル絵の具を混ぜ、直径約1cmの大きさに丸めます。

2
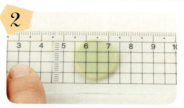
4を定規でつぶし、約1mmの厚さにします。

3

はさみで1〜2mmの切り込みを1周入れます。

4

等間隔に13個の切り込みを入れました。

5

つまようじの先端を粘土の中心に置き、先端を軸として切れ目と切れ目の間を往復するように転がします。

6
すべての切り込みの間をつまようじで広げ、フリルができました。

1・2段めを組み立てる

7

2段めの花びらは直径約1.2cmの大きさに丸めた粘土で2〜6と同様にしてフリルを作ります。

8
1段めと2段めの花びらができたところ。

9

1段めの花びらを2段めの花びらの上に重ね、中心を細工棒で押さえて貼りつけます。

10

粘土が乾く前に半パールをピンセットで置きます。

11

ボールチェーンをニッパーで切り、半パールの外側に沿うように置きます。

12
細工棒で半パールとボールチェーンを押さえてあとをつけておきます。約1日乾かします。

Dry 1day

3段めの花びらを作る

13 同じ色の粘土を厚さ約1mmにのばし棒でのばし、ハートの型で5枚抜きます。

14 5枚抜いたところ。

15 ハートの先端につまようじを置き、5と同様につまようじを動かして広げます。

16 5枚すべてつまようじで広げたら約1日乾かします。

花の形に組み立てる

17 花びらの表側に接着剤を塗ります。

18 12の裏に17を重ねながら接着剤で貼りつけます。

19 2段めのフリルから少し花びらが見えるようにバランスよく貼りつけます。

20 5枚貼りつけたところ。

飾りつける

21 中心に接着剤を塗り、半パールとボールチェーンを貼りつけます。

マーガレット
Margaret

完成サイズ／直径約3cm

材料	樹脂粘土…少量、アクリル絵の具…ごく少量、半パール(10mm)…1個、ボールチェーン…約3cm、接着剤
道具	オーブンペーパー、つまようじ、細工棒、はさみ、ピンセット、定規、ニッパー

花びらを作る

1
粘土に好みのアクリル絵の具を混ぜ、直径5mmくらいに丸めます。

2
手のひらで指先を使って粘土を転がし、ドロップ状にします。

3
長さ約1.7cmのドロップ状にしたところ。

4
指で厚さ約1mmまでつぶしたら、頂点につまようじの先端をあてて軸にし、左右に転がしてスジをつけます。

5
細工棒に押しあてて丸みをつけます。

6
厚みのあるほうに少し丸みをつけます。外側に向かって丸みがつきました。

7
同じようにして16枚作り、約1日乾かします。多めに作ってきれいなものを使ってもいいでしょう。

Dry 1 day

花の形に組み立てる

8
同じ色の粘土で直径10mm、厚さ1mmの花土台を作ります。

9
花びらの裏の先端に接着剤をつけて、ピンセットで8の花土台にしっかり貼りつけます。

10
1段めに8枚花びらを貼りつけました。

11
接着剤をつけた2段めの花びらを1段目の花びらの間に貼りつけます。

12
2段めの花びらを貼りつけました。

飾りつける

13 裏側はこのようになっています。約1日乾かします。

14 中心に接着剤をつまようじで塗り、半パールを貼りつけます。

15 ニッパーで切ったボールチェーンを半パールの周りに貼りつけます。

フラットフラワー
Flat flower

完成サイズ／直径約2cm

材料 樹脂粘土…少量、アクリル絵の具…ごく少量、半パール(4mm)…1個、接着剤

道具 花の型（直径約2cm）、オーブンペーパー、のばし棒、つまようじ、細工棒、はさみ、ピンセット

花びらを作る

1 粘土に白と好みのアクリル絵の具を混ぜ、厚さ1mmほどにのばし棒でのばして花の型で1枚抜きます。

2 つまようじの先端を粘土の中心に置き、先端を軸として1枚の花びらの間を往復するように転がします。

3 4枚の花びらすべてをつまようじで広げたところ。

4 細工棒を花びらの縁にあて、軽く丸みをつけます。外側に向かって丸みがつきました。

5 花びらを手のひらにのせ、細工棒の丸い先端を花びらの中心に押しつけてくぼませます。約1日乾かします。

飾りつける

6 くぼみにつまようじで接着剤を塗り、半パールをピンセットで貼りつけます。

57

スターフラワー
Star flower

花アイコン ✤

完成サイズ／直径約 1cm

材料 樹脂粘土…少量、アクリル絵の具…ごく少量、半パール（2mm）…1個、接着剤

道具 オーブンペーパー、つまようじ、細工棒、はさみ、ピンセット、定規

花びらを作る

1 粘土に白と好みのアクリル絵の具を混ぜ、直径5mmくらいに丸めます。

2 手のひらにのせ、指先を使って転がしドロップ状にします。

3 長さ約1.5cmのドロップ状にしたところ。

4 太いほうの真ん中を縦に2〜3mm程度はさみでカットします。

5 さらに半分にはさみを入れて4分割します。

6 4枚の花びらができました。

花びらの形を整える

7 花の中心に向かってつまようじを置き、左右に転がしてスジをつけます。

8 4枚の花びらすべてにスジをつけたところ。

9 細工棒を花びらの先にあてて丸みをつけます。

10 4枚の花びらすべてに丸みをつけたら、約1日乾かします。

Dry 1day

飾りつける

11 半パールに接着剤を塗り、花の中心にピンセットで押さえながら貼りつけます。

ハートフラワー
Heart flower

花アイコン

完成サイズ／直径約2.5cm

材料　樹脂粘土…少量、アクリル絵の具…ごく少量、半パール（3mm）…1個、接着剤

道具　ハートの型（縦約1×横約1.2cm）、オーブンペーパー、のばし棒、つまようじ、細工棒、はさみ、ピンセット、定規

花びらを作る

1

粘土に白と好みのアクリル絵の具を混ぜ、厚さ1mmほどにのばし棒でのばしてハートの型で4枚抜きます。

2

4枚型抜きしたところ。

3

細工棒をハートの太いほうにあてて外側に向かって丸みをつけます。

4

表—
4枚すべてに丸みをつけたら、約1日乾かします。

Dry 1day

花の形に組み立てる

5

2mm / 7mm
同じ色の粘土で、直径約7mm、厚さ約2mmの花土台を作ります。

6

花びらの裏側の先端に接着剤をつけたら、ピンセットで5の花土台に貼りつけます。

7

4枚貼りつけました。花びらは重ねずに貼りつけます。

飾りつける

8

つまようじで中心に接着剤を塗り、半パールをピンセットで貼りつけます。

花アイコン

レディフラワー
Lady flower

完成サイズ／直径約3cm

材料 樹脂粘土…少量、アクリル絵の具…ごく少量、スワロフスキー・クリスタル(#1088・SS12)…1個、石座(#1088用・SS12・ゴールド)…1個、接着剤

道具 星の型(直径約3cm)、オーブンペーパー、のばし棒、つまようじ、細工棒、はさみ、ピンセット、定規

花びらを作る

1

粘土に白と好みのアクリル絵の具を混ぜ、厚さ1mmほどにのばし棒でのばして、星の型で1枚抜きます。

2

つまようじの先端を粘土の中心に置き、先端を軸として1枚の花びらの間を往復するようにして転がします。

3

5枚の花びらすべてを広げたところ。

4

中心に向かってはさみを入れ、花びらを1枚ずつ切り離します。

5

5枚の花びらに切り離したところ。

6

花びらのとがっている部分を指で少し寄せて指でつまみます。

7

花びらの大きいほうに細工棒をあてて丸みをつけます。5枚すべて形を整えておき、約1日乾かします。

Dry 1day

花びらの形を整える

8
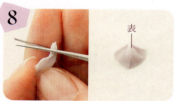

使用するきれいな3枚を選びます。貼りつけやすいようにはさみで先端を切り落とします。

花の形に組み立てる

9

3mm / 6mm

同じ色の粘土で直径約6mm、厚さ約3mmの花土台を作ります。

10

花びらの裏側に接着剤をつけ、ピンセットで9の花土台に貼りつけます。

11

左右の花びらから貼りつけていきます。最後に中央に花びらを貼りつけます。

飾りつける

12

スワロフスキー・クリスタル

中心に接着剤を塗り、石座にセットしておいたスワロフスキー・クリスタルをピンセットで貼りつけます。

掲載 p15
スイートな スマホケース
Smartphone case

完成サイズ：縦約 13.5 × 横 7cm

材料

❀ 樹脂粘土（ばら色、純白色）…各適量
　SC（#2088・SS34・ジョンキル）…2個
　パール（半丸・8mm・ホワイト）…2個
　ボールチェーン（K139・ゴールド）…約2.5cm×4本
※縦約2×横約2.5cmのハートの型を使います。

❀ 樹脂粘土（ばら色、藤色、撫子色、純白色）…各適量
　SC（#2088・SS16・ジョンキル）…4個
　パール（半丸・6mm・ホワイト）…2個
　ボールチェーン（K139・ゴールド）…約2cm×2本
※P59の作り方と同じサイズの型を使います。

❀ 樹脂粘土（ばら色、藤色、純白色）…各適量
　SC（#2088・SS16・ジョンキル）…2個
　パール（半丸・4mm・ホワイト）…4個
　ボールチェーン（K139・ゴールド）…約1.2cm×1本

スマホケース（iPhone6用・クリア）…1個
UV-LEDレジン（星の雫）…適量
LEDライト
※SCはスワロフスキー・クリスタルの略。

パーツを作る

1

お花のパーツをそれぞれ作ります。このとき飾りはつけません。

パーツを配置する

2

スマホケースの上にバランスよくお花パーツを配置します。写真に撮るなどして配置をメモしておきましょう。

3

お花パーツの裏側につまようじで接着剤を塗ったらピンセットで貼りつけます。

4

大きなパーツから貼りつけていきます。

5

小さなパーツはすきまにはさんで貼りつけてもよいです。

6

上に重ねると立体感が出ます。

すべてのパーツを貼りつけました。

つまようじでパーツの中央にレジン液を塗り、ピンセットで飾りを貼りつけます。

ボールチェーンもピンセットでていねいに貼りつけます。

レジンでコーティングする

LEDライトに入れて約30秒硬化させます。

レジン液をボトルから直接ケースにたっぷり塗ります。

LEDライトに入れて約30秒硬化させます。固まっていなければ再度ライトにあてて完全に硬化させます。

arrange

ランダムに置いた
デザインも
試してみて

材料

- 樹脂粘土（薄紅色、桃色、純白色）…各適量
  パール（半丸・6mm・ホワイト）…5個
  ボールチェーン（K139・ゴールド）…約1.8cm×5本
- 樹脂粘土（れもん色、桃色、秋桜色、純白色）…各適量
  SC（#2088・SS12・シトリン）…8個
  ボールチェーン（K139・ゴールド）…約2.1cm×5本
- 樹脂粘土（桃色、純白色）…各適量
  パール（半丸・3mm・ホワイト）…5個
  SC（#2088・SS12・クリスタル）…1個

写真を参考にしながらランダムに配置して、同様の手順で作ります。

アクセサリーにしましょう

可愛い花モチーフを作ったら、せっかくだから身につけたい！ そこで、ピアスやイヤリング、ネックレスなどアクセサリーにする方法を覚えましょう。Hanahさんのテクニックは、初心者でも可愛くできちゃうコツが満載です。

基本の組み立て方

モチーフの裏に直接金具を貼る！

モチーフの花土台など、平らな部分に接着剤を塗り、金具を直接貼ります。

スカシパーツの上に金具を貼る！

モチーフの裏に接着剤でスカシパーツを貼り、その上にさらに金具を貼ります。

スカシパーツをつなげる

ネックレスやブレスレットは裏のスカシパーツをCカンやチェーンでつないでいきます。

複数のモチーフのつけ方

土台になる粘土を丸めて少し押し、平らにします。粘土は乾かさずにおきます。

完全に乾く前のモチーフをボンドでしっかりと貼りつけます。

バランスよく貼りつけこの状態で約1日乾かします。

花芯になるパーツは、最後に接着剤で貼りつけるときれいに仕上がります。

スカシパーツの貼り方

モチーフの裏に接着剤を塗り、スカシパーツを貼ります。

スカシパーツにさらに接着剤を塗り、金具を貼ります。

金具とモチーフのつけ方

※バレッタ金具などの金具のつけ方も同様です。

金具と土台の粘土の幅をそろえます。土台は乾かさなくてOK。

金具に接着剤を塗ります。

土台を貼りつけ、十分に乾かします。

モチーフは、接着剤で土台に貼りつけていきます。

材料と道具

材料
※本書で使用している主なものを紹介。実際に使用する材料は、P65〜の材料表を確認してください。

イヤリング・ピアス金具
本書では、主にそのままモチーフを貼れる「皿付」のもの、「U字型」のものを使用します。

スカシパーツ
モチーフの裏側に接着剤で貼りつけ、さらにアクセサリー金具を貼りつけます。

ヘアアクセ資材
「皿付」ヘアゴム、バレッタ、ヘアクリップを使用します。モチーフは土台を作ってから貼りつけます。

パール
本書では、主に樹脂パールを使用しています。

スワロフスキー・クリスタル
ガラス製の人工宝石。作品に高級感を与えます。石座をつけて使用しましょう。

Cカン・丸カン
パーツ同士をつなぎ合わせるパーツ。本書ではCカンをつないでチェーンのように使用することも。

Tピン
穴に通してカンを作り、ほかのパーツとつなぎます。

道具

ヤットコ
平ヤットコはカンを開くときなど力を加える作業で使用。丸ヤットコは、先端のカーブでTピンを曲げる際に使用します。

ニッパー
金具やチェーンを切断するときに使用します。

基本の作り方

丸カン・Cカンを開く

カンの切れ目を上にして両サイドを平ヤットコと丸ヤットコではさみます。

手前と奥に回転させて前後に開きます。戻す際は逆の手順で戻します。

カンを左右に開くのはNG。壊れてしまうこともあります。

丸カンに通す

丸カンを開いてパーツを通します。最後に逆の手順で丸カンをとじればOK。

Tピンを曲げる

Tピンをモチーフに通し、適切な長さにニッパーで切ります。先端を丸ヤットコでつまみます。

手首をひねってピンの先端で輪（カン）を作ります。

でき上がり。何度か繰り返して練習すると上手にできるようになります。

作品の作り方

本書に掲載しているお花アクセサリーの作り方を紹介します。
基本的には樹脂粘土でお花モチーフを作り、金具に貼りつけたり、
つないだりするだけの簡単なテクニックで完成。
作り方に迷ったらP37〜64も参考にして作ってみてください。

作り方のポイント

①お花モチーフを樹脂粘土で作ります。粘土の色や花芯のパーツは指定通りでもお好みのものを選んでもOKです。
★お花モチーフの大きさは、P50からの各花のモチーフの作り方に記載しているサイズを目安にしてください。
②十分にお花モチーフを乾かしたらアクセサリーに組み立てます。土台は乾かしません。
③お花モチーフとアクセサリー金具は接着剤またはレジンで貼り合わせます。完全に乾いてから着用しましょう。

アイコンについて

材料表に表記されているアイコンはお花の種類を表します。

- ブロッサム ▶ 作り方P50
- シンプルフラワー ▶ 作り方P51
- スリーペタル ▶ 作り方P52
- プチフラワー ▶ 作り方P53
- ゴージャスフリル ▶ 作り方P54
- マーガレット ▶ 作り方P56
- フラットフラワー ▶ 作り方P57
- スターフラワー ▶ 作り方P58
- ハートフラワー ▶ 作り方P59
- レディフラワー ▶ 作り方P60

材料の購入先について

本書で紹介している作品の材料は、以下のメーカーから購入することができます。
・樹脂粘土、LEDレジン…すべて株式会社パジコ
・アクセサリー金具…材料名の横に★が記載されているものは貴和製作所、♡が記載されているものはパーツクラブ、♠が記載されているものはスワロフスキー・ジャパン株式会社
※材料に関するお問い合わせ先は巻末をご覧ください。
※スワロフスキー・クリスタルは、貴和製作所またはパーツクラブでも購入することができます。
※印のないものはHanahさんの私物です。お近くの手芸店や資材店で条件に近いものを購入してください。
※材料表内のSCはスワロフスキー・クリスタルの略です。

Bloom field
32色のお花畑
掲載 p6-9

※材料表と製図内の丸数字は花芯の組み合わせを示します。

【A 1輪のピアス】
・共通
a. スカシパーツ(花六弁・約15mm・ゴールド)★ … 2個
b. スカシパーツ(花八弁・約10mm・ゴールド)★ … 2個
c. 丸カン(0.6×4mm・ゴールド) … 4個
d. ピアス金具(U字・ゴールド)♡ … 1組
e. ピアス金具(4mm丸皿付・ゴールド)★ … 1組

[A-1ゴージャスフリル]・共通
樹脂粘土(淡藤色or薄金色or柳色) … 各適量
パール(半丸・10mm・ホワイト)★ … 2個
ボールチェーン(K149・ゴールド)★ … 約3cm×2本

[A-2ブロッサム]・共通a.c.d.
樹脂粘土(氷色or梅色) … 各適量
①メタルビーズ(丸スターダスト・2mm・ゴールド)★ … 2個
②SC(#1088・SS29・ジョンキル)♠ … 2個
②石座(#1088用・SS29・ゴールド)★ … 2個

[A-3マーガレット]・共通b.e.
樹脂粘土(くるみ色) … 適量
SC(#2088・SS34・シトリン)♠ … 2個
ボールチェーン(K139・ゴールド)★ … 約2.cm×2本

[A-4スリーペタル]・共通b.c.d.
樹脂粘土(みかん色・萌黄色・かすみ色) … 各適量
①メタルビーズ(丸スターダスト・2mm・ゴールド)★ … 2個
②SC(#2088・SS12・ジョンキル)♠ … 2個
③パール(半丸・2.5mm・ホワイト)★ … 2個
ボールチェーン(K139・ゴールド)★ … 約1cm×2本

[A-5スターフラワー]・共通e.
樹脂粘土(ゆり色) … 適量
SC(#2088・SS12・ヴィンテージローズ)♠ … 2個

[A-6レディフラワー]・共通b.c.d.
樹脂粘土(撫子色orたんぽぽ色or薄紅色) … 各適量
SC(#1088・SS29・色は下記参照)♠ … 各2個
石座(#1088用・SS29・ゴールド)★ … 各2個
無穴パール(丸・1.5mm・ホワイト)★ … 8個
※花の色と花芯の組み合わせは下記を参考に。
　撫子色 …… SC(ホワイトオパール)
　たんぽぽ色 …… SC(グラファイト)
　薄紅色 …… SC(ジェット)、無穴パール

[A-7フラットフラワー]・共通e.
樹脂粘土(菜花色or若草色) … 各適量
①パール(半丸・4mm・ホワイト)★ … 2個
①②ボールチェーン(K139・ゴールド)★ … 約1.2cm×2本
②SC(#2088・SS16・Lt.トパーズ)♠ … 2個

[A-8ハートフラワー]・共通e.
樹脂粘土(紫陽花色or秋桜色or雲色) … 各適量
①パール(半丸・6mm・ホワイト)★ … 2個
①ボールチェーン(K139・ゴールド)★ … 約1.8cm×2本
②SC(#1088・SS30・ジョンキル)♠ … 2個
②石座(#1088用・SS30・ゴールド)★ … 2個
③SC(#2088・SS34・クリスタル)♠ … 2個

[A-9シンプルフラワー]・共通e.
樹脂粘土(れもん色) … 適量
メタルビーズ(丸・2mm・ゴールド) … 2個

【B ゆれるパールピアス】
・共通
丸カン(0.6×4mm・ゴールド) … B-1 4個、B-2 3個
ピアス金具(4mm丸皿付・ゴールド) … 1組

[B-1マーガレット]
樹脂粘土(藤色) … 適量
SC(#2088・SS34・Lt.トパーズ)♠ … 2個
ボールチェーン(K139・ゴールド)★ … 約2.1cm×2本
コットンパール(丸・12mm・キスカ)♡ … 2個
スカシパーツ(花六弁・約15mm・ゴールド)★ … 2個
Oピン(0.6×30mm・ゴールド)★ … 2本

[B-2フラットフラワー]
樹脂粘土(栗色) … 適量
SC(#2088・SS16・クリスタル)♠ … 2個
ボールチェーン(K139・ゴールド)★ … 約1.2cm×2本
コットンパール(丸・10mm・キスカ)★ … 2個
メタルパーツ(ラウンドプレート1カン付・6mm・ゴールド)♡ … 2個
デザインピン(ラインストーン付・0.6×30mm・ゴールド)★ … 2本

A 1輪のピアス

〈共通の作り方〉
スワロフスキー・クリスタルは石座にセットしておく。
図の通りモチーフを2個作って十分に乾かし、裏に接着剤でピアス金具を貼りつける。
または、裏に接着剤でスカシパーツを貼りつけ、ピアス金具を丸カンでつなぐ。
※ピアス金具は丸皿つきタイプのものかU字型のものを好みでつける。

[A-1ゴージャスフリル]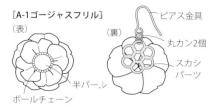
(表)(裏) ピアス金具／丸カン2個／スカシパーツ／半パール／ボールチェーン

[A-2ブロッサム]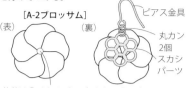
(表)(裏) ピアス金具／丸カン2個／スカシパーツ
花芯は①メタルビーズ。または②石座にセットしたスワロフスキー・クリスタル。

[A-3マーガレット]
(表)(裏) ピアス金具
スワロフスキー・クリスタル／ボールチェーン

[A-4スリーペタル]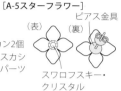
(表)(裏) ピアス金具／丸カン2個／スカシパーツ
花芯は①メタルビーズ。または②スワロフスキー・クリスタル、③半パールとボールチェーン。

[A-5スターフラワー]
(表)(裏) ピアス金具／スワロフスキー・クリスタル

[A-6レディフラワー]
(表)(裏) 丸カン2個／ピアス金具／スカシパーツ
石座にセットしたスワロフスキー・クリスタル、無穴パール(無穴パールは好みでつける)。

[A-7フラットフラワー]
(表)(裏) ピアス金具
花芯は①半パールとボールチェーン。または②スワロフスキー・クリスタルとボールチェーン。

[A-8ハートフラワー]
(表)(裏) ピアス金具
花芯は①半パールとボールチェーン。または②石座にセットしたスワロフスキー・クリスタル、③スワロフスキー・クリスタル。

[A-9シンプルフラワー]
(表)(裏) ピアス金具／メタルビーズ

B ゆれるパールピアス

[B-1マーガレット]
1 パーツを作る ×2
マーガレット(花芯:スワロフスキー・クリスタル、ボールチェーン)

2 組み立てる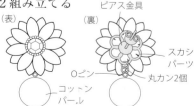
(表)(裏) ピアス金具／スカシパーツ／Oピン／丸カン2個／コットンパール

[B-2フラットフラワー]
1 パーツを作る ×2
フラットフラワー(花芯:スワロフスキー・クリスタル、ボールチェーン)

2 組み立てる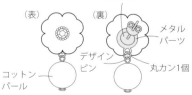
(表)(裏) ピアス金具／メタルパーツ／デザインピン／丸カン1個／コットンパール

①パーツの裏にスカシパーツまたはメタルパーツを接着剤で貼りつける。
②コットンパールをOピンまたはデザインピンに通し、先を丸めたパーツを2個作る。
③①のスカシパーツまたはメタルパーツに丸カンで②をそれぞれつなぐ。
④ピアス金具を接着剤で貼りつける。

アイコンの説明 ▶ ブロッサム ／ シンプルフラワー ／ スリーペタル ／ プチフラワー

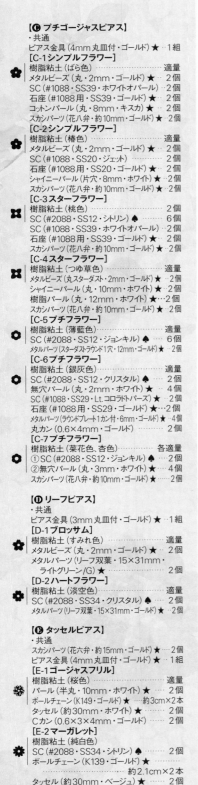

C プチゴージャスピアス

1 パーツを作る

2 組み立てる

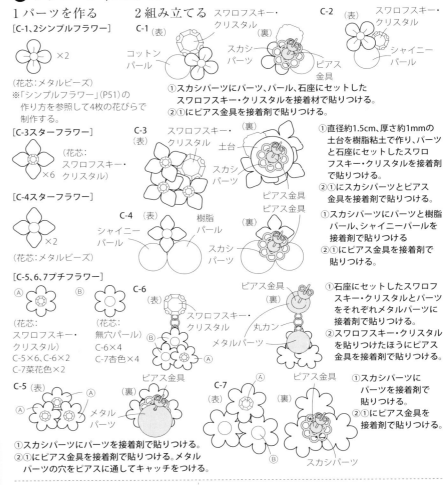

① スカシパーツにパーツ、パール、石座にセットしたスワロフスキー・クリスタルを接着材で貼りつける。
② ①にピアス金具を接着剤で貼りつける。

① 直径約1.5cm、厚さ約1mmの土台を樹脂粘土で作り、パーツと石座にセットしたスワロフスキー・クリスタルを接着剤で貼りつける。
② ①にスカシパーツとピアス金具を接着剤で貼りつける。

① スカシパーツにパーツと樹脂パール、シャイニーパールを接着剤で貼りつける
② ①にピアス金具を接着剤で貼りつける。

① 石座にセットしたスワロフスキー・クリスタルとパーツをそれぞれメタルパーツに接着剤で貼りつける。
② スワロフスキー・クリスタルを貼りつけたほうにピアス金具を接着剤で貼りつける。

① スカシパーツにパーツを接着剤で貼りつける。
② ①にピアス金具を接着剤で貼りつける。

① スカシパーツにパーツを接着剤で貼りつける。
② ①にピアス金具を接着剤で貼りつける。メタルパーツの穴をピアスに通してキャッチをつける。

D リーフピアス

1 パーツを作る

2 組み立てる

① パーツにピアス金具を接着剤で貼りつける。
② ピアス金具のポスト部分にメタルパーツを通し、キャッチをつける。

E タッセルピアス

1 パーツを作る

2 組み立てる

 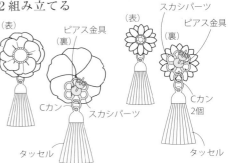

① スカシパーツにパーツを接着剤で貼りつける。
② タッセルをCカンで①のスカシパーツにつなぐ。

ピンク
掲載 p.10-15

【A シンプルフラワーのピアス (P11)】
・共通
シャイニーパール(片穴・10mm・クリーム)★ 2個
ピアス金具(3mm丸皿付・ゴールド)★ 1組
ピアスキャッチ(丸皿・4mm・ゴールド)★ 1組

[A-1 薄紅色×淡藤色]
樹脂粘土(薄紅色、淡藤色) 各適量
SC(#2088・SS12・ホワイトオパール)♠ 2個
パール(半丸・2.5mm・ホワイト)★ 2個
ボールチェーン(K139・ゴールド)★ 約8mm×2本

[A-2 ばら色×純白色]
樹脂粘土(ばら色、純白色) 各適量
SC(#2088・SS12・ジョンキル)♠ 2個
パール(半丸・2.5mm・ホワイト)★ 2個
ボールチェーン(K139・ゴールド)★ 約8mm×2本

【B かくしパールのスリーペタルピアス (P11)】
樹脂粘土(椿色) 適量
SC(#2088・SS20・シトリン) 2個
スカシパーツ(花六弁・約15mm・ゴールド) 2個
ピアス金具(3mm丸皿付・ゴールド) 1組
樹脂パールキャッチ(丸・12mm・マットクリーム) 1組

【C 小さなお花のリングブローチ (P12)】
・共通
ブローチ金具(メタルリング・約30.5mm・ゴールド)★ 1個

[C-1 秋桜色×桜色×桃色×純白色]
樹脂粘土(秋桜色、桜色、桃色) 各適量
SC(#2088・SS12・色は下記参照)♠ 全4個
※花と花芯の組み合わせは下記を参考に。
秋桜色 ……… ホワイトオパール
桜色 ……… ジョンキル、ホワイトオパール
桃色 ……… ジョンキル
樹脂粘土(秋桜色、桜色、桃色、純白色) 各適量
パール(半丸・2mm・ホワイト)★ 7個
SC(#2088・SS12・ジョンキル)♠ 2個

[C-2 薄紅色×ばら色×撫子色×桜色×純白色]
樹脂粘土(薄紅色、ばら色、撫子色) 各適量
SC(#2088・SS12・色は下記参照)♠ 全4個
※花と花芯の組み合わせは下記を参考に。
薄紅色 ……… ジョンキル
ばら色 ……… ホワイトオパール
撫子色 ……… ジョンキル、ホワイトオパール
樹脂粘土(薄紅色、ばら色、撫子色、純白色) 各適量
パール(半丸・2mm・ホワイト)★ 7個
SC(#2088・SS12・ヴィンテージローズ)♠ 2個

[C-3 椿色×薄紅色×藤色×純白色]
樹脂粘土(椿色、薄紅色、純白色) 各適量
SC(#2088・SS12・色は下記参照)♠ 全4個
※花と花芯の組み合わせは下記を参考に。
椿色 ……… ジョンキル
薄紅色 ……… ヴィンテージローズ
純白色 ……… パパラチア
樹脂粘土(椿色、薄紅色、純白色、藤色) 各適量
パール(半丸・2mm・ホワイト)★ 7個
SC(#2088・SS12・色は下記参照)♠ 全2個
※花と花芯の組み合わせは下記を参考に。
薄紅色 ……… ジョンキル
純白色 ……… パパラチア

A シンプルフラワーのピアス
1 パーツを作る

Ⓐ シンプルフラワー(花芯:半パール、ボールチェーン)
A-1 薄紅色×2、A-2 ばら色×2

Ⓑ シンプルフラワー(四弁花)
A-1 淡藤色×2、A-2 純白色×2
※「シンプルフラワー」(P51)の作り方を参照して4枚の花びらで制作する。

土台(長さ1.5cm幅約5mm)
※乾かさないでおく。
純白色×各1

2 組み立てる

①1で作った土台にパーツを接着剤で貼りつける。

②ピアスキャッチの丸皿部分にパーツを接着剤で貼りつける。

③ピアス金具にシャイニーパールを接着剤で貼りつける。同じものをもう1個作る。

B かくしパールのスリーペタルピアス
1 パーツを作る   2 組み立てる

スリーペタル(花芯:スワロフスキー・クリスタル) ×2

スカシパーツ

①パーツをスカシパーツに接着剤で貼りつける。

②①をピアス金具に接着剤で貼りつける。

③樹脂パールキャッチをつける。同じものをもう1個作る。

C 小さなお花のリングブローチ
1 パーツを作る

C-1 秋桜色×桜色×桃色×純白色

Ⓐ シンプルフラワー(花芯:スワロフスキー・クリスタル)
秋桜色×1

Ⓑ シンプルフラワー(四弁花)(花芯:スワロフスキー・クリスタル)
桜色×2、桃色×1
※「シンプルフラワー」(P51)の作り方を参照し、4枚の花びらで制作する。

Ⓒ 半パール プチフラワー(花芯:半パール)
秋桜色、桜色×各1、桃色×2、純白色×3

Ⓓ スワロフスキー クリスタル プチフラワー(花芯:スワロフスキー・クリスタル)
秋桜色、桜色×各1

C-2 薄紅色×ばら色×撫子色×桜色×純白色

Ⓐ シンプルフラワー(花芯:スワロフスキー・クリスタル)
ばら色×1

Ⓑ シンプルフラワー(四弁花)(花芯:スワロフスキー・クリスタル)
撫子色×2、薄紅色×1

Ⓒ 半パール プチフラワー(花芯:半パール)
ばら色×2、桜色×3、薄紅色×1、純白色×1

Ⓓ スワロフスキー・クリスタル プチフラワー(花芯:スワロフスキー・クリスタル)
純白色×2

C-3 椿色×薄紅色×藤色×純白色

Ⓐ シンプルフラワー(花芯:スワロフスキー・クリスタル)
椿色×1

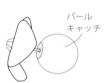

Ⓑ シンプルフラワー(四弁花)(花芯:スワロフスキー・クリスタル)
椿色、薄紅色、純白色×各1

Ⓒ プチフラワー(花芯:半パール)
椿色、藤色×各3、薄紅色×1

Ⓓ スワロフスキー・クリスタル プチフラワー(花芯:スワロフスキー・クリスタル)
薄紅色、純白色×各1

2 組み立てる

① 樹脂粘土 純白色×各1
樹脂粘土で直径3.5cm、幅5mmのリング状の土台を作る。

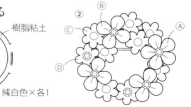
② パーツを①に色のバランスを見ながら重なるように接着剤で貼りつける。

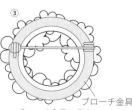
③ ブローチ金具 ブローチ金具に②を接着剤で貼りつける。

アイコンの説明 ▶ ブロッサム シンプルフラワー スリーペタル プチフラワー

【⓪ シンプルフラワーのネックレス (P13)】
樹脂粘土（椿色、純白色、薄紅色）……各適量
メタルビーズ（丸・1mm・ゴールド）……9個
スカシパーツ（月・約9×32mm・ゴールド）★……1個
丸カン（0.5×2.5mm・ゴールド）……2個
チェーンネックレス
　（K205・アジャスター付・ゴールド）★……1本

【Ⓔ レディフラワーのクロスリング (P14、34)】
・共通
リング金具（ダブルクロス・丸皿4mm付・
　ゴールド）★……1個
[E-1 椿色]
樹脂粘土（椿色）……適量
SC（#1088・SS29・クリスタル）★……1個
石座（#1088用・SS29・ゴールド）★……1個
樹脂カラーパール（丸・2mm・ホワイト）★……4個
[E-2 純白色]
樹脂粘土（純白色）……適量
SC（#1088・SS29・グラファイト）★……1個
石座（#1088用・SS29・ゴールド）★……1個
樹脂カラーパール（丸・2mm・ホワイト）★……4個

【Ⓕ フラットフラワーのリング (P14、34)】
・共通
リング金具（丸皿8mm付・ゴールド）★……1個
UV-LEDレジン……適量
[F-1 薄紅色]
樹脂粘土（薄紅色）……適量
SC（#1088・SS29・ジョンキル）★……1個
石座（#1088用・SS29・ゴールド）★……1個
[F-2 銀灰色]
樹脂粘土（銀灰色）……適量
SC（#1088・SS29・Lt.シルク）★……1個
石座（#1088用・SS29・ゴールド）★……1個

【Ⓖ ブロッサムのブレスレット (P15)】
樹脂粘土（秋桜色、桜色、純白色）……各適量
SC（#1088・SS29・クリスタル）……2個
石座（#1088用・SS29・ゴールド）……2個
パール（半丸・6mm・ホワイト）……3個
ボールチェーン（K139・ゴールド）……約1.8cm×3本
スカシパーツ（花六弁・約15mm・ゴールド）……5個
Cカン（0.6×3×4mm・ゴールド）……14個
チェーン（135S・ゴールド）……約3cm×2本
引き輪・アジャスターセット（丸カン付・ゴールド）……1組

Ⓓ シンプルフラワーのネックレス

1 パーツを作る

Ⓐ シンプルフラワー（四弁花）
（花芯：メタルビーズ）
※「シンプルフラワー」（P51）の作り方を参照して4枚の花びらで制作する。
各色×1

Ⓑ 土台（長さ約2.5cm 厚さ約2mm）
※乾かさないでおく。
純白色×1

2 組み立てる

椿色　薄紅色　純白色
①1で作ったⒷの土台にパーツを接着剤で貼りつける。

土台　スカシパーツ
②①をスカシパーツに接着剤で貼りつける。

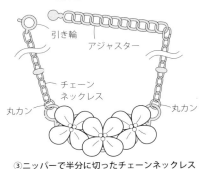
引き輪　アジャスター　チェーンネックレス　丸カン　丸カン　スカシパーツ
③ニッパーで半分に切ったチェーンネックレスを①の両端に丸カンでつなげる。

Ⓔ レディフラワーのクロスリング

1 パーツを作る

レディフラワー
（花芯：スワロフスキー・クリスタル、無穴パール）
※スワロフスキー・クリスタルは石座にセットしておく。
各色×1

2 組み立てる

（表）　（裏）　リング金具
パーツを接着剤でリング金具に貼りつける。

Ⓕ フラットフラワーのリング

1 パーツを作る

フラットフラワー（花芯：スワロフスキー・クリスタル）
※スワロフスキー・クリスタルは石座にセットしておく。
各色×1

2 組み立てる

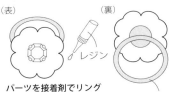
（表）　レジン　（裏）　リング金具
パーツを接着剤でリング金具に貼りつける。表面にレジンを塗り、30秒ほど硬化させる。

Ⓖ ブロッサムのブレスレット

1 パーツを作る

Ⓐ ブロッサム（花芯：半パール・ボールチェーン）
桜色×1、純白色×2

Ⓑ ブロッサム（花芯：スワロフスキー・クリスタル）
※スワロフスキー・クリスタルは石座にセットしておく。
秋桜色、桜色×各1

2 組み立てる
①パーツをスカシパーツに接着剤で貼りつける。それぞれ色のバランスを見ながら、Cカンでつなぐ。

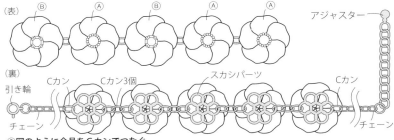
（表）Ⓑ Ⓐ Ⓑ Ⓐ Ⓑ　アジャスター
（裏）Cカン　Cカン3個　スカシパーツ　Cカン
引き輪　チェーン　チェーン　Cカン

②図のように金具をCカンでつなぐ。

69

Purple
パープル
掲載 p16-19

【Ⓐ ブーケペンダント (P17)】
・共通
スカシパーツ(ラウンド1・約20mm・ゴールド)★ … 1個
メタルパーツ(ラウンドプレート1カン付・6mm・ゴールド) … 1個
Cカン(0.6×3×4mm・ゴールド) … 1個
チェーンネックレス
(245SF・アジャスター付・ゴールド)★ … 1本

[A-1 藤色×すみれ色×菜花色]
樹脂粘土(藤色) … 適量
SC(#1088・SS29・Lt.シルク) … 1個
石座(#1088用・SS29・ゴールド)★ … 1個
樹脂粘土(すみれ色、菜花色) … 各適量
SC(#2088・SS12・ジョンキル)♠ … 1個
パール(半丸・3mm・ゴールド) … 1個
ボールチェーン(K139・ゴールド)★ … 約1cm×2本

[A-2 桜色×淡藤色×純白色]
樹脂粘土(桜色) … 適量
SC(#1088・SS29・Lt.コロラドトパーズ)★ … 1個
石座(#1088用・SS29・ゴールド)★ … 1個
樹脂粘土(淡藤色、純白色) … 各適量
SC(#2088・SS12・クリスタル)♠ … 1個
パール(半丸・3mm・ホワイト)★ … 1個
ボールチェーン(K139・ゴールド)★ … 約1cm×2本

【Ⓑ ゴージャスフリルのバレッタ (P18)】
・共通
バレッタ金具(80mm・ゴールド)★ … 1個

[B-1 藤色×淡藤色×純白色]
樹脂粘土(藤色、淡藤色、純白色) … 各適量
パール(半丸・10mm・ホワイト)★ … 3個
ボールチェーン(K149・ゴールド)★ … 約3cm×3本

[B-2 淡藤色×桜色×純白色]
樹脂粘土(淡藤色、桜色、純白色) … 各適量
パール(半丸・10mm・ホワイト)★ … 3個
ボールチェーン(K149・ゴールド)★ … 約3cm×3本

[B-3 薄紅色×桜色×純白色]
樹脂粘土(薄紅色、桜色、純白色) … 各適量
パール(半丸・10mm・ホワイト)★ … 3個
ボールチェーン(K149・ゴールド)★ … 約3cm×3本

【Ⓒ スリーペタルとスターフラワーのピアス (P19)】
樹脂粘土(淡藤色、純白色、たんぽぽ色) … 各適量
SC(#2088・SS12・色は下記参照)♠ … 全4個
メタルビーズ(丸・2mm・ゴールド)★ … 2個
樹脂粘土(撫子色) … 適量
パール(半丸・4mm・ホワイト)★ … 2個
ボールチェーン(K139・ゴールド)★ … 約1.2cm×2本
スカシパーツ(花六弁・約15mm・ゴールド)★ … 2個
丸カン(0.6×4mm・ゴールド) … 4個
ピアス金具(U字・ゴールド)♡ … 1組
※花の色と花芯の組み合わせは下記を参考に。
　淡藤色 ……………… シトリン
　たんぽぽ色 ………… Lt.トパーズ

Ⓐ ブーケペンダント
1 パーツを作る

Ⓐ A-1 藤色 ×1、A-2 桜色 ×1
ハートフラワー
(花芯：スワロフスキー・クリスタル)
※スワロフスキー・クリスタルは石座にセットしておく。

Ⓑ フラットフラワー
(花芯：半パール、ボールチェーン)
A-1 すみれ色 ×1、A-2 淡藤色 ×1

Ⓒ フラットフラワー
(花芯：スワロフスキー・クリスタル、ボールチェーン)
A-1 菜花色 ×1、A-2 純白色 ×1

2 組み立てる

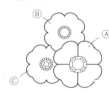

①スカシパーツにパーツを接着剤で貼りつける。
②裏に図のようにメタルパーツを接着剤で貼りつける。
③メタルパーツのカンにCカンをつなげる。チェーンネックレスを通す。

アジャスター / 引き輪 / チェーン / メタルパーツ / スカシパーツ / Cカン

Ⓑ ゴージャスフリルのバレッタ
1 パーツを作る

各色×1
ゴージャスフリル
(花芯：半パール、ボールチェーン)

2 組み立てる

(表) (裏)
バレッタ金具
図のようにパーツをバレッタ金具に接着剤で貼りつける。

Ⓒ スリーペタルとスターフラワーのピアス
1 パーツを作る

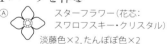

Ⓐ スターフラワー(花芯：スワロフスキー・クリスタル)
淡藤色×2、たんぽぽ色×2

Ⓑ スターフラワー(花芯：メタルビーズ)
純白色×2

Ⓒ スリーペタル(花芯：半パール、ボールチェーン)
×2

Ⓓ 土台(直径約1cm厚さ約2mm)
※乾かさないでおく。
撫子色×2

2 組み立てる

(表) (裏)
①1で作った土台にパーツを接着剤で貼りつける。
②スカシパーツに①を接着剤で貼りつける。
③ピアス金具を丸カンで②につなぐ。同じものをもう1個作る。

ピアス金具 / 丸カン 2個 / スカシパーツ

アイコンの説明 ▶ ブロッサム / シンプルフラワー / スリーペタル / プチフラワー

⑪ スターフラワーの花咲くピアス(P19)
樹脂粘土（淡藤色・撫子色・純白色）‥‥各適量
SC (#2088・SS12・色は下記参照)◆‥‥全4個
無穴パール（丸・2mm・ホワイト）‥‥2個
SC (#1088・SS29・Lt.アメジスト)‥‥2個
チェコビーズ（葉4・9mm・オリーブ/G）★‥‥4個
ピアス金具付属SS29用・カン付・ゴールド）♡‥‥1組
ピアスキャッチ（丸皿・4mm・ゴールド）★‥‥1組
※花の色と花芯の組み合わせは下記を参考に。
淡藤色‥‥‥‥‥‥‥‥‥‥ジョンキル
純白色‥‥‥‥‥‥‥‥‥‥Lt.シルク

Cream yellow & orange
クリームイエロー & オレンジ
掲載 *p.20-23*

【Ⓐ プチフラワーのブーケピアス (P20)】
・共通
メタルパーツ（ラウンドプレート1カン付・
　6mm・ゴールド）‥‥‥‥‥‥‥‥ 2個
スカシパーツ（花六弁・約15mm・ゴールド）‥‥ 2個
丸カン（0.6×4mm・ゴールド）‥‥‥‥ 2個
ピアス金具（4mm丸皿付・ゴールド）‥‥ 1組
[A-1 みかん色×杏色×純白色]
樹脂粘土（みかん色・杏色・純白色）‥‥各適量
SC (#2088・SS12・色は下記参照)‥‥全8個
パール（半丸・2mm・ホワイト）‥‥‥‥ 4個
アクリルパーツ（半丸・約14mm・白）‥‥ 2個
※花の色と花芯の組み合わせは下記を参考に。
みかん色‥‥‥‥‥‥‥‥‥‥ジョンキル
純白色‥‥‥‥‥‥‥‥‥‥Lt.トパーズ
[A-2 れもん色×たんぽぽ色×純白色]
樹脂粘土
　（れもん色・たんぽぽ色・純白色）‥‥各適量
SC (#2088・SS12・色は下記参照)‥‥全8個
パール（半丸・2mm・ホワイト）‥‥‥‥ 4個
アクリルパーツ
　（半丸・約14mm・グリーン）‥‥‥‥ 2個
※花の色と花芯の組み合わせは下記を参考に。
れもん色‥‥‥‥‥‥‥‥‥‥ホワイトオパール
純白色‥‥‥‥‥‥‥‥‥‥シトリン

【Ⓑ フラットフラワーのピアス (P21)】
・共通
シルキーパール（丸・5mm・ホワイト）★‥‥ 2個
チェコビーズ（葉4・9mm・オリーブ/G）★‥‥ 2個
スカシパーツ（花六弁・約15mm・ゴールド）★‥‥ 2個
チェーン（SH-27・ゴールド）★　2cm×2本、3cm×2本
丸カン
　A (0.6×3mm・ゴールド)‥‥‥‥ 2個
　B (0.5×2.3mm・ゴールド)‥‥‥ 4個
デザイン丸カン（ツイスト・6mm・ゴールド）‥ 2個
Tピン (0.6×20mm・ゴールド)‥‥‥‥ 2本
ピアス金具（3mm丸皿付・ゴールド）★‥‥ 1組
[B-1 杏色]
樹脂粘土（杏色）‥‥‥‥‥‥‥‥適量
SC (#2088・SS39・パパラチア)‥‥ 2個
ボールチェーン (K139・ゴールド) ★　約1.5cm×2本
[B-2 れもん色]
樹脂粘土（れもん色）‥‥‥‥‥‥適量
SC (#2088・SS39・Lt.ピーチ)‥‥ 2個
ボールチェーン (K139・ゴールド) ★　約1.5cm×2本

Ⓓ スターフラワーの花咲くピアス

1 パーツを作る

Ⓐ スターフラワー（花芯：無穴パール）撫子色×2
Ⓑ スターフラワー（花芯：スワロフスキー・クリスタル）淡藤色×2、純白色×2
Ⓒ 土台（長さ約1.5cm　幅約1cm）※乾かさないでおく。 純白色×2

2 組み立てる

① 1で作った土台にパーツを接着剤で貼りつける。
② ①をピアスキャッチに接着剤で貼りつける。
③ ピアス金具の石座部分にスワロフスキー・クリスタルを接着剤で貼りつける。同じものをもう1個作る。

Ⓐ プチフラワーのブーケピアス

1 パーツを作る

Ⓐ プチフラワー（花芯：スワロフスキー・クリスタル）A-1みかん色×4、純白色×4　A-2れもん色×4、純白色×4
Ⓑ プチフラワー（花芯：半パール）A-1杏色×4、純白色×4　A-2たんぽぽ色×4、純白色×4
Ⓒ 土台（直径約1cm厚さ約2mm）※乾かさないでおく。純白色×2

2 組み立てる

① 1で作った土台にパーツを接着剤で貼りつける。
② スカシパーツに①を接着剤で貼りつける。
③ メタルパーツとピアス金具を接着剤で貼りつけたアクリルパーツを②と丸カンでつなぐ。同じものをもう1個作る。

Ⓑ フラットフラワーのピアス

1 パーツを作る

フラットフラワー（花芯：スワロフスキー・クリスタル、ボールチェーン）×2

2 組み立てる

① パーツをスカシパーツに接着剤で貼りつける。ピアス金具をスカシパーツの裏に接着剤で貼りつける。
② Tピンにシルキーパールを通し、先を丸めたパーツを2個作る。

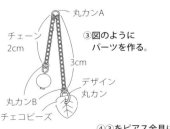

③ 図のようにパーツを作る。
④ ③をピアス金具に通す。同じものをもう1個作る。

【**C** 花咲くバングル(P22)】
・共通
バングル金具(16mm座金付・ゴールド) … 1個

【C-1 薄金色×純白色×菜花色×淡藤色】
- 樹脂粘土(薄金色、純白色) … 各適量
- SC(#2088・SS34・色は下記参照) … 全2個
- ボールチェーン(K145・ゴールド) … 約2cm×2本
※花の色と花芯の組み合わせは下記を参考に。
  - 薄金色 … ヴィンテージローズ
  - 純白色 … シトリン
- 樹脂粘土(菜花色、淡藤色) … 各適量
- パール(半丸・4mm・ホワイト) … 2個
- ボールチェーン(K139・ゴールド) … 約1.2cm×2本

【C-2 桜色×純白色×みかん色×れもん色】
- 樹脂粘土(桜色、純白色) … 各適量
- SC(#2088・SS34・色は下記参照) … 全2個
- ボールチェーン(K145・ゴールド) … 約2cm×2本
※花の色と花芯の組み合わせは下記を参考に。
  - 桜色 … ジョンキル
  - 純白色 … ヴィンテージローズ
- 樹脂粘土(みかん色、れもん色) … 各適量
- パール(半丸・4mm・ホワイト) … 2個
- ボールチェーン(K139・ゴールド) … 約1.2cm×2本

C 花咲くバングル

1 パーツを作る

Ⓐ マーガレット
(花芯:スワロフスキー・クリスタル、ボールチェーン)
C-1薄金色、純白色×各1、C-2桜色、純白色×各1

Ⓑ フラットフラワー
(花芯:半パール、ボールチェーン)
C-1菜花色、淡藤色×各1、
C-2みかん色、れもん色×各1

Ⓒ 土台(長さ約5cm厚さ約2mm)
※乾かさないでおく。
純白色×1

2 組み立てる

①1で作った土台にバランスよく
パーツを接着剤で貼りつける。

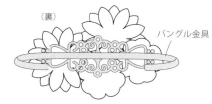
(裏) バングル金具
②バングル金具に①を接着剤で貼りつける。

【**D** レディフラワーのパールネックレス(P22)】
- 樹脂粘土(菜花色) … 適量
- SC(#1088・SS29・モンタナ) … 3個
- 石座(#1088・SS29用・ゴールド) … 3個
- シルキーパール(丸・4mm・ナチュラル) … 80個
- スカシパーツ(花六弁・約15mm・ゴールド) … 3個
- ボールチップ(3mm・ゴールド) … 4個
- つぶし玉(2mm・ゴールド) … 4個
- Cカン(0.6×3×4mm・ゴールド) … 6個
- 引き輪・アジャスターセット(丸カン付・ゴールド) … 1組
- シルクビーズコード(No.4・ホワイト) … 30cm×2本

D レディフラワーのパールネックレス

1 パーツを作る

Ⓐ レディフラワー
(花芯:スワロフスキー・クリスタル)
※スワロフスキー・クリスタルは
石座にセットしておく。
×2

Ⓑ レディフラワー(四弁花)
(花芯:スワロフスキー・クリスタル)
※「レディフラワー」(P60)の作り方を
参照し、4枚の花びらで制作する。
※スワロフスキー・クリスタルは
石座にセットしておく。
×1

2 組み立てる

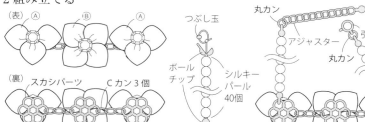

①パーツをスカシパーツに
それぞれ接着剤で貼りつける。
図のようにCカンでつなぐ。

②シルクビーズコードにつぶし玉を
通して固結びし、ボールチップで留める。
シルキーパール40個を通して糸端を
ボールチップで処理する。これを2本作る。

③図のように①と②、
金具を丸カンでつなげる。
ボールチップの先は
スカシパーツにつなぐ。

【E ハッピーカラーのミラー (P22)】
- 樹脂粘土（みかん色）・・・・・・・・・・・適量
- SC（#2088・SS16・シトリン）♠ 3個
- ボールチェーン（K139・ゴールド）★ 約1cm×3本
- 樹脂粘土（杏色、たんぽぽ色、純白色、れもん色） 各適量
- SC（#2088・SS16・色は下記参照）♠ 全7個
- パール（半丸・3mm・ホワイト）★ 4個
- ボールチェーン（K139・ゴールド）★ 約1cm×11本
- ※花の色と花芯の組み合わせは下記を参考に。
  - たんぽぽ色　　　　　クリスタル
  - 杏色　　　　　　　クリスタル、シトリン
  - 純白色　　　　　　クリスタル、シトリン
- 樹脂粘土（れもん色）・・・・・・・・・・・適量
- パール（半丸・5mm・ホワイト）★ 2個
- ボールチェーン（K139・ゴールド）★ 約1.5cm×2本
- 樹脂粘土（若草色）・・・・・・・・・・・適量
- ミラー（8×7cm・シルバー）・・・1個
- LEDレジン・・・・・・・・・・・適量

【F シンプルフラワーのリング (P23)】
- ・共通
- リング金具（丸皿15mm付・ゴールド）・・1個
- [F-1 れもん色×たんぽぽ色×梅色]
- 樹脂粘土（れもん色、たんぽぽ色、梅色）各適量
- SC（#1088・SS12・色は下記参照）全2個
- パール（半丸・2mm・ホワイト）1個
- パール（#1088・SS39・ホワイトオパール）1個
- 石座（#1088用・SS39・ゴールド）★ 1個
- ※花の色と花芯の組み合わせは下記を参考に。
  - たんぽぽ色　　　　ホワイトオパール
  - 梅色　　　　　　ジョンキル
- [F-2 杏色×たんぽぽ色×純白色]
- 樹脂粘土（杏色、たんぽぽ色、純白色）各適量
- SC（#1088・SS12・色は下記参照）全2個
- パール（半丸・2mm・ホワイト）1個
- SC（#1088・SS39・トパーズ）1個
- 石座（#1088用・SS39・ゴールド）★ 1個
- ※花の色と花芯の組み合わせは下記を参考に。
  - 杏色　　　　　　ホワイトオパール
  - 純白色　　　　　ジョンキル

Blue ブルー
掲載 p24-29

【A ブロッサムのパールピアス (P25)】
- ・共通
- コットンパール（丸・12mm・キズカ）♡ 2個
- スカシパーツ（花六弁・約15mm・ゴールド）★ 2個
- 丸カン（0.6×3mm・ゴールド）2個
- Tピン（0.6×20mm・ゴールド）2本
- ピアス金具（3mm丸皿付・ゴールド）★ 1組
- [A-1 氷色]
- 樹脂粘土（氷色）・・・・・・・・・・・適量
- SC（#1088・SS29・プロバンスラベンダー）★ 2個
- 石座（#1088用・SS29・ゴールド）★ 2個
- [A-2 薄藍色]
- 樹脂粘土（薄藍色）・・・・・・・・・・・適量
- SC（#1088・SS29・Lt.シルク）2個
- 石座（#1088用・SS29・ゴールド）★ 2個

E ハッピーカラーのミラー
1 パーツを作る

Ⓐ スリーペタル
（花芯：スワロフスキー・クリスタル、ボールチェーン）
みかん色×2

Ⓑ スリーペタル（四弁花）
（花芯：スワロフスキー・クリスタル、ボールチェーン）
※「スリーペタル」（P52）の作り方を参照して4枚の花びらで制作する。
みかん色×1

Ⓒ フラットフラワー
（花芯：スワロフスキー・クリスタル、ボールチェーン）
たんぽぽ色×3、純白色×4

Ⓓ フラットフラワー
（花芯：半パール、ボールチェーン）
杏色×3、れもん色×1

Ⓔ ハートフラワー
（花芯：半パール、ボールチェーン）
×2

Ⓕ スリーペタルの花びら
※葉に見立てて使用する。
×8

2 組み立てる

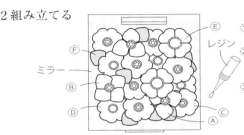

①パーツを置く位置を決める。
②ひとつずつ接着剤でミラーに貼りつける。
③レジン液を表面に塗り、約30秒硬化させる。気泡が入ったときは、つまようじなどでつぶすとよい。

F シンプルフラワーのリング
1 パーツを作る

Ⓐ シンプルフラワー
（花芯：半パール）
F-1 れもん色×1、F-2 たんぽぽ色×1

Ⓑ シンプルフラワー（四弁花）
（花芯：スワロフスキー・クリスタル）
※「シンプルフラワー」（P51）の作り方を参照して4枚の花びらで制作する。
F-1 たんぽぽ色、梅色×各1、
F-2 杏色、純白色×各1

2 組み立てる

①スワロフスキー・クリスタルを石座にセットする。
②図のようにパーツと①をリング金具に接着剤で貼りつける。

A ブロッサムのパールピアス
1 パーツを作る

ブロッサム
（花芯：スワロフスキー・クリスタル）
※スワロフスキー・クリスタルは石座にセットしておく。
×2

2 組み立てる

①パーツをスカシパーツに接着剤で貼りつける。ピアス金具をスカシパーツの裏に接着剤で貼りつける。
②Tピンにコットンパールを通し、先を丸めたパーツを2個作る。
③②を丸カンでスカシパーツにつなぐ。同じものをもう1個作る。

【⓭ ブルーの花冠 (P26)】

樹脂粘土（紫陽花色、氷色、
淡空色、純白色）……………各適量
Ⓐ Ⓒ SC (#2088・SS12・
色は下記参照) ♠ ……………全6個
Ⓑ パール（半丸・4mm・ホワイト）★……3個
Ⓓ パール（半丸・6mm・ホワイト）★……2個
※花の色と花芯の組み合わせは下記を参考に。
紫陽花色 ………… ジョンキル
淡空色 …………… ジョンキル、ヴィンテージローズ
純白色 …………… ジョンキル、ヴィンテージローズ

樹脂粘土（紫陽花色、氷色、
淡空色、純白色）……………各適量
Ⓔ メタルビーズ（丸スターダスト・3mm・ゴールド）★……9個

樹脂粘土（紫陽花色、氷色、
淡空色、純白色）……………各適量
Ⓕ SC (#2088・SS34・色は下記参照) ♠……全6個
Ⓖ パール（半丸・8mm・ホワイト）★……4個
Ⓗ パール（半丸・6mm・ホワイト）★……5個
ボールチェーン（K139・ゴールド）
………………… 約2.5cm×10本、約2cm×5本
※花の色と花芯の組み合わせは下記を参考に。
紫陽花色 ………… ジョンキル
氷色 ……………… ジョンキル
淡空色 …………… ジョンキル
純白色 …………… ヴィンテージローズ
カチューシャ（幅約4cm・ブラック）♡1個
サテンリボン（幅1cm・白）
………………… 約36cm×1本、約136cm×1本

Ⓑ ブルーの花冠

1 パーツを作る

Ⓐ スリーペタル（花芯：スワロフスキー・クリスタル）
紫陽花色×1、淡空色、純白色×各2

Ⓑ スリーペタル（花芯：半パール）
紫陽花色×1、氷色×2

Ⓒ スリーペタル（四弁花）（花芯：スワロフスキー・クリスタル）
純白色×1

Ⓓ スリーペタル（四弁花）（花芯：半パール）
※「スリーペタル」(P52)の作り方を参照して4枚の花びらで制作する。
紫陽花色、氷色×各1

Ⓔ スターフラワー（花芯：メタルビーズ）
紫陽花色、氷色、淡空色×各2、純白色×3

Ⓕ マーガレット（花芯：スワロフスキー・クリスタル、ボールチェーン）
紫陽花色、純白色×各2、氷色、淡空色×各1

Ⓖ マーガレット（花芯：半パール、ボールチェーン）
紫陽花色、淡空色×各1、氷色×2

Ⓗ マーガレット（八弁花）（花芯：半パール、ボールチェーン）
※「マーガレット」(P56)の作り方を参照して8枚の花びらで制作する。
紫陽花色、氷色、純白色×各1、淡空色×2

2 組み立てる

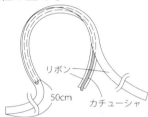
① カチューシャの両面に接着剤でサテンリボンを貼りつける。表側は両端50cm残す。

② パーツをカチューシャの表側に少し重ねながらバランスよく接着剤で貼りつける。

【⓮ ブーケブローチ (P27)】

・共通
ブローチ金具（花六弁スカシパーツ付・30mm・ゴールド）……………1個

[C-1 薄藍色×つゆ草色×薄金色×純白色]
樹脂粘土（薄藍色、つゆ草色、薄金色）……各適量
SC (#1088・色は下記参照)★……全2個
石座（#1088用・SS29・ゴールド）★……2個
パール（半丸・6mm・ホワイト）★……1個
ボールチェーン（K139・ゴールド）★……約2cm×1本
※花の色と花芯の組み合わせは下記を参考に。
薄藍色 …………… Lt.シルク
薄金色 …………… モンタナ

樹脂粘土（薄藍色、純白色）……各適量
SC (#2088・SS12・ジョンキル) ♠……1個
パール（半丸・2mm・ホワイト）★……1個

[C-2 紫陽花色×淡空色×氷色×純白色]
樹脂粘土（紫陽花色、淡空色、氷色）……各適量
SC (#1088・SS29・クリスタル)★……全2個
石座（#1088用・SS29・ゴールド）★……2個
パール（半丸・6mm・ホワイト）★……1個
ボールチェーン（K139・ゴールド）★……約2cm×1本
※花の色と花芯の組み合わせは下記を参考に。
紫陽花色 ………… クリスタル
淡空色 …………… Lt.シルク

樹脂粘土（紫陽花色、純白色）……各適量
SC (#2088・SS12・ジョンキル) ♠……1個
パール（半丸・2mm・ホワイト）★……1個

Ⓒ ブーケブローチ

1 パーツを作る

Ⓐ フラットフラワー（花芯：半パール、ボールチェーン）
C-1 つゆ草色×1、C-2 氷色×1

Ⓑ フラットフラワー（花芯：スワロフスキー・クリスタル）
※スワロフスキー・クリスタルは石座にセットしておく。
C-1 薄藍色、薄金色×各1、C-2 紫陽花色、淡空色×各1

Ⓒ シンプルフラワー（花芯：半パール）
C-1 薄藍色×1、C-2 純白色×1

Ⓓ シンプルフラワー（四弁花）（花芯：スワロフスキー・クリスタル）
※「シンプルフラワー」(P51)の作り方を参照し、4枚の花びらで制作する。
C-1 純白色×1、C-2 紫陽花色×1

2 組み立てる

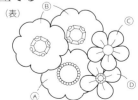
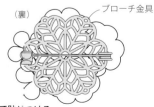
ブローチ金具にパーツを接着剤で貼りつける。

アイコンの説明 ▶ ブロッサム シンプルフラワー スリーペタル プチフラワー

【⓪ スターフラワーのペンダント (P27)】
樹脂粘土（淡空色、氷色、純白色）……各適量
無穴パール（丸・3mm・ホワイト）★ …… 3個
SC (#2088・SS12・色は下記参照)♠ …… 全4個
SC (#4470・10mm・タンザナイト)★ …… 1個
石座 (#4470用・10mm・ゴールド)★ …… 1個
スカシパーツ（花六弁・約15mm・ゴールド）★ …… 1個
Cカン (0.6×3×4mm・ゴールド)…… 1個
チェーンネックレス
　（245SF・丸カン付・ゴールド）★ …… 1本
※花の色と花芯の組み合わせは下記を参考に。
氷色 …………………… クリスタル
純白色 ………………… Lt.シルク

【Ⓔ シンプルフラワーと
　スターフラワーのリング (P28)】
・共通
石座 (#4470用・10mm・ゴールド)★ …… 1個
リング金具（丸皿8mm・ゴールド）★ …… 1個
[E-1 氷色×純白色]
樹脂粘土（氷色）…………………… 適量
パール（半丸・2mm・ホワイト）★ …… 1個
ボールチェーン (K139・ゴールド)★
　………………………… 約6mm×1本
樹脂粘土（純白色）………………… 適量
SC (#2088・SS12・クリスタル)♠ …… 1個
SC (#4470・10mm・
　プロヴァンスラベンダー)★ …… 1個

[E-2 薄藍色×純白色]
樹脂粘土（薄藍色）………………… 適量
パール（半丸・2mm・ホワイト）★ …… 1個
ボールチェーン (K139・ゴールド)★
　………………………… 約6mm×1本
樹脂粘土（純白色）………………… 適量
SC (#2088・SS12・クリスタル)♠ …… 1個
SC (#4470・10mm・Lt.シルク)★ …… 1個

Ⓓ スターフラワーのペンダント

1 パーツを作る

Ⓐ スターフラワー（花芯：無穴パール）　淡空色×3

Ⓑ スターフラワー（花芯：スワロフスキー・クリスタル）　氷色、純白色×各2

Ⓒ 土台（直径約1.5cm 厚さ約2mm）※乾かさないでおく。　純白色×1

2 組み立てる

スワロフスキー・クリスタル　石座　Ⓐ　Ⓑ

アジャスター　引き輪　チェーン　Cカン　スカシパーツ

① 1で作ったⒸの土台に接着剤でパーツと、石座にセットしたスワロフスキー・クリスタルを貼りつける。

② スカシパーツに①を接着剤で貼りつける。

③ Cカンを②のスカシパーツにつなげ、チェーンネックレスを通す。

Ⓔ シンプルフラワーとスターフラワーのリング

1 パーツを作る

Ⓐ シンプルフラワー（花芯：半パール、ボールチェーン）×1

Ⓑ スターフラワー（花芯：スワロフスキー・クリスタル）×1

2 組み立てる

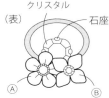

（表）　スワロフスキー・クリスタル　石座　Ⓐ　Ⓑ

（裏）　リング金具

① スワロフスキー・クリスタルを石座にセットする。

② 図のようにパーツと①をリング金具に接着剤で貼りつける。

【F フォトフレーム (P29)】
・共通
フォトフレーム (18×13.5cm・ホワイト) …… 1個

[F-1 薄藍色×つゆ草色×紫陽花色×純白色]
- 樹脂粘土 (つゆ草色、紫陽花色) …… 各適量
- Ⓐ パール (半丸・10mm・ホワイト)★ …… 4個
- Ⓐ ボールチェーン (K145・ゴールド)★ …… 約3cm×4本
- 樹脂粘土 (薄藍色、純白色) …… 各適量
- Ⓑ SC (#2088・SS16・シトリン)♠ …… 6個
- 樹脂粘土 (紫陽花色、純白色) …… 各適量
- Ⓒ パール (半丸・6mm・ホワイト)★ …… 5個
- Ⓒ ボールチェーン (K139・ゴールド)★ …… 約1.8cm×5本
- 樹脂粘土 (純白色) …… 適量
- Ⓓ SC (#2088・SS16・ジョンキル)♠ …… 2個
- 樹脂粘土 (紫陽花色) …… 適量
- Ⓔ パール (半丸・3mm・ホワイト)★ …… 2個

[F-2 淡空色×氷色×淡藤色×純白色]
- 樹脂粘土 (淡空色) …… 適量
- Ⓐ パール (半丸・10mm・ホワイト)★ …… 3個
- Ⓐ ボールチェーン (K145・ゴールド)★ …… 約3cm×3本
- 樹脂粘土 (氷色、純白色) …… 各適量
- Ⓑ SC (#2088・SS16・シトリン)♠ …… 2個
- Ⓔ パール (半丸・3mm・ホワイト)★ …… 2個
- 樹脂粘土 (淡空色、氷色、淡藤色、純白色) …… 各適量
- Ⓒ パール (半丸・6mm・ホワイト)★ …… 3個
- Ⓒ Ⓕ ボールチェーン (K139・ゴールド)★ …… 約1.3cm×5本
- Ⓕ SC (#2088・SS34・シトリン)♠ …… 1個
- 樹脂粘土 (純白色、淡藤色) …… 各適量
- Ⓓ SC (#2088・SS16・ジョンキル)♠ …… 1個
- Ⓖ パール (半丸・4mm・ホワイト)★ …… 2個
- Ⓖ ボールチェーン (K139・ゴールド)★ …… 約1.2cm×2本
- 樹脂粘土 (淡藤色) …… 適量
- Ⓗ SC (#2088・SS34・ジョンキル)♠ …… 1個
- Ⓘ パール (半丸・8mm・ホワイト)★ …… 1個
- Ⓘ ボールチェーン (K139・ゴールド)★ …… 約2.4cm×1本

Green グリーン
掲載 p.30-31

【A ブロッサムのバレッタ (P30)】
・共通
バレッタ金具 (60mm・ゴールド)★ …… 1個

[A-1 萌黄色×若草色]
- 樹脂粘土 (萌黄色、若草色) …… 各適量
- SC (#2088・SS20・ホワイトオパール)♠ …… 2個
- ボールチェーン (K139・ゴールド)★ …… 約1.5cm×2本
- メタルビーズ (丸・2mm・ゴールド) …… 2個

[A-2 若草色×純白色]
- 樹脂粘土 (若草色×純白色) …… 各適量
- SC (#2088・SS20・Lt.トパーズ)♠ …… 2個
- ボールチェーン (K139・ゴールド)★ …… 約1.5cm×2本
- メタルビーズ (丸・2mm・ゴールド) …… 2個

【B フラットフラワーのヘアピン (P30)】
・共通
ヘアピン (10mm 丸皿付・ゴールド)★ …… 1個

[B-1 萌黄色]
- 樹脂粘土 (萌黄色) …… 適量
- SC (#2088・SS20・シトリン)♠ …… 1個
- ボールチェーン (K139・ゴールド)★ …… 約1.5cm×1本

[B-2 若草色]
- 樹脂粘土 (若草色) …… 適量
- パール (半丸・4mm・ホワイト)★ …… 1個
- ボールチェーン (K139・ゴールド)★ …… 約1.5cm×1本

Ⓕ フォトフレーム

1 パーツを作る

Ⓐ ゴージャスフリル
(花芯:半パール、ボールチェーン)
F-1 つゆ草色、紫陽花色×各2、F-2 淡空色×3

Ⓑ スリーペタル
(花芯:スワロフスキー・クリスタル)
F-1 薄藍色×5、純白色×1、F-2 氷色×2

Ⓒ ハートフラワー
(花芯:半パール、ボールチェーン)
F-1 紫陽花色×2、純白色×3、F-2 淡藤色×2、氷色×1

Ⓓ フラットフラワー
(花芯:スワロフスキー・クリスタル)
F-1 純白色×2、F-2 純白色×1

Ⓔ スターフラワー (花芯:無穴パール)
F-1 紫陽花色×2

※F-2のみ

Ⓔ スリーペタル (花芯:半パール)
氷色、純白色 各×1

Ⓕ ハートフラワー
(花芯:スワロフスキー・クリスタル、ボールチェーン)
淡空色、純白色 各×1

Ⓖ フラットフラワー
(花芯:半パール、ボールチェーン)
淡藤色、純白色 各×1

Ⓗ シンプルフラワー
(花芯:スワロフスキー・クリスタル)
淡藤色×1

Ⓘ シンプルフラワー
(花芯:半パール、ボールチェーン)
淡藤色×1

2 組み立てる

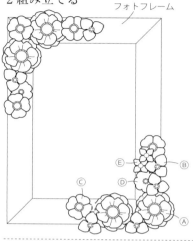

① バランスを見ながら置く位置を決める。
② ひとつずつ接着剤でフォトフレームに貼りつける。

Ⓐ ブロッサムのバレッタ

1 パーツを作る

Ⓐ ブロッサム(花芯:スワロフスキー・クリスタル、ボールチェーン)
A-1 萌黄色×2、A-2 純白色×2

Ⓑ ブロッサム
(花芯:メタルビーズ)
A-1、A-2 共に若草色×2

2 組み立てる

(表) (裏) バレッタ金具

パーツを接着剤でバレッタ金具に貼りつける。

Ⓑ フラットフラワーのヘアピン

1 パーツを作る

×1 フラットフラワー
(花芯:B-1 スワロフスキー・クリスタル、ボールチェーン、B-2 半パール、ボールチェーン)

2 組み立てる

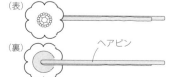

(表) (裏) ヘアピン

パーツをヘアピンの丸皿部分に接着剤で貼りつける。

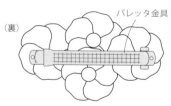

★アレンジ
ボールチェーン
スリーペタル(萌黄色)の花びら×1
半パール
スワロフスキー・クリスタル

フラットフラワー(若草色)を2枚と葉に見立てたスリーペタルの花びらを作り、重ねて貼りつけてもよい。

アイコンの説明 ▶ ブロッサム シンプルフラワー スリーペタル プチフラワー

【C 大きなシンプルフラワーのネックレス(P30)】

樹脂粘土(柳色)	適量
パール(半丸・8mm・ホワイト)★	3個
ボールチェーン(K139・ゴールド)★ 約2.5cm×3本	
スカシパーツ(花六弁・約15mm・ゴールド)★	3個
丸カン(0.6×3mm・ゴールド)	12個
チェーンネックレス(245SF・丸カン付・ゴールド)★	1本

【D スリーペタルのパールピアス(P31)】
・共通

樹脂パール(ツユ・縦穴・8×16mm・ホワイト)★	2個
スカシパーツ(花八弁・約10mm・ゴールド)★	2個
丸カン(0.6×3mm・ゴールド)	2個
Tピン(0.6×40mm・ゴールド)	2本
ピアス金具(3mm丸皿付・ゴールド)★	1組

[D-1 萌黄色]
樹脂粘土(萌黄色)	適量
メタルビーズ(丸スターダスト・3mm・ゴールド)★	2個

[D-2 柳色]
樹脂粘土(柳色)	適量
メタルビーズ(丸スターダスト・3mm・ゴールド)★	2個

Natural color
ナチュラルカラー
掲載 p.32-35

【A スリーペタルのスクエアピアス(P32)】
・共通

スカシパーツ(花六弁・約15mm・ゴールド)★	2個
ピアス金具(3mm丸皿付・ゴールド)★	1組

[A-1 栗色×純白色]
樹脂粘土(栗色)	適量
メタルビーズ(丸・2mm・ゴールド)★	2個
樹脂粘土(純白色)	適量
パール(半丸・2mm・ホワイト)	2個
アクリルパーツ(スクエア・約16×16mm・黒)	2個

[A-2 ゆり色×くるみ色]
樹脂粘土(ゆり色)	適量
メタルビーズ(丸・2mm・ゴールド)★	2個
樹脂粘土(くるみ色)	適量
パール(半丸・2mm・ホワイト)	2個
アクリルパーツ(スクエア・約16×16mm・ベージュ)	2個

C 大きなシンプルフラワーのネックレス

1 パーツを作る

シンプルフラワー(花芯:半パール、ボールチェーン)
※直径8mmの粘土玉を作り、モチーフを制作する。
×3

2 組み立てる

スカシパーツ
①パーツの裏にスカシパーツを接着剤で貼りつける。

(表)
(裏)
丸カン5個
②①を丸カンでつなぐ。

チェーンネックレス
丸カン
丸カン
③ニッパーで半分に切ったチェーンネックレスを丸カンで②の両端にそれぞれつなぐ。

D スリーペタルのパールピアス

1 パーツを作る

スリーペタル(花芯:メタルビーズ)
×2

2 組み立てる

ピアス金具
Tピン
スカシパーツ
丸カン
スカシパーツ
樹脂パール
×2

①パーツをスカシパーツに接着剤で貼りつける。ピアス金具をスカシパーツの裏に接着剤で貼りつける。

②Tピンに樹脂パールを通し、先を丸めたパーツを2個作る。

③②を丸カンでスカシパーツにつなぐ。同じものをもう1個作る。

A スリーペタルのスクエアピアス

1 パーツを作る

Ⓐ スリーペタル(四弁花)(花芯:メタルビーズ) ×2
※「スリーペタル」(P52)の作り方を参照して4枚の花びらで制作する。

Ⓑ シンプルフラワー(四弁花)(花芯:半パール) ×2
※「シンプルフラワー」(P51)の作り方を参照して4枚の花びらで制作する。

2 組み立てる

アクリルパーツ
スカシパーツ
(表)
(裏)
Ⓑ Ⓐ
①スカシパーツにパーツとアクリルパーツを接着剤で貼りつける。

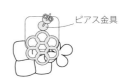

ピアス金具
②ピアス金具を①のアクリルパーツの裏に接着剤で貼りつける。同じものをもう1個作る。

【Ⓑ ゴージャスフリルの
パールブレスレット(P33)】

- 樹脂粘土（純白色）………………………適量
- パール（半丸・10mm・ホワイト）★ … 1個
- ボールチェーン（K145・ゴールド）★ … 約3cm×1本
- 樹脂粘土（純白色）………………………適量
- SC（#2088・SS34・クリスタル）♠ … 2個
- ボールチェーン（K139・ゴールド）★ … 約2.1cm×2本
- コットンパール（丸・6mm・キスカ）★ … 44個
- スカシパーツ
  （楕円・約26×34mm・ゴールド）★ … 1個
- デザイン丸カン（ツイスト・6mm・ゴールド）★ … 2個
- ボールチップ（3mm・ゴールド）★ … 8個
- つぶし玉（2mm・ゴールド）………… 4個
- シルクビーズコード（No.4・ホワイト）★ … 15cm×4本
- 引き輪・アジャスターセット
  （丸カン付・ゴールド）………………… 1組

【Ⓒ シンプルフラワーのぶらさがりピアス(P34)】

- 樹脂粘土（栗色、くるみ色、純白色）… 各適量
- SC（#2088・SS12・色は下記参照）♠ … 全6個
- パール（半丸・2mm・ホワイト）★ … 2個
- スカシパーツ（花六弁・約15mm・ゴールド）★ … 2個
- Cカン（0.6×3×4mm・ゴールド）… 2個
- ピアス金具（アメリカンタイプ・ゴールド）♡ … 1組

※花の色と花芯の組み合わせは下記を参考に。
- 栗色 …………………… ジョンキル
- 純白色 ………………… ジョンキル、Lt.シルク

【Ⓓ 小さなお花の
ドロップイヤリング(P35)】

- 樹脂粘土（栗色）………………………適量
- メタルビーズ（丸・2mm・ゴールド）… 2個
- 樹脂粘土（雲色、純白色）……………各適量
- SC（#2088・SS12・ジョンキル）♠ … 2個
- 無穴パール（丸・2mm・ホワイト）★ … 2個
- チェコビーズ（シズクカット・10×7mm・シャンパンラスター）★ … 2個
- スカシパーツ
  （花八弁・約10mm・ゴールド）★ … 2個
- 丸カン（0.6×3mm・ゴールド）……… 2個
- Tピン（0.6×20mm・ゴールド）……… 2本
- イヤリング金具
  （4mm丸皿付・ゴールド）★ ………… 1組

Ⓑ ゴージャスフリルのパールブレスレット

1 パーツを作る

Ⓐ ゴージャスフリル（花芯：半パール、ボールチェーン）×1

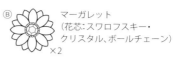

Ⓑ マーガレット（花芯：スワロフスキー・クリスタル、ボールチェーン）×2

2 組み立てる

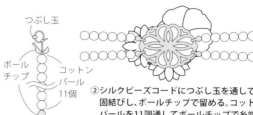

①スカシパーツに接着剤でパーツを貼りつける。

②シルクビーズコードにつぶし玉を通して固結びし、ボールチップで留める。コットンパールを11個通してボールチップで糸端を処理する。これを4本作り、図のようにボールチップの先を①のスカシパーツにつなげる。

③図のように金具をつなげる。

Ⓒ シンプルフラワーのぶらさがりピアス

1 パーツを作る

Ⓐ シンプルフラワー（花芯：スワロフスキー・クリスタル）純白色×2

Ⓑ シンプルフラワー（花芯：半パール）くるみ色×2

Ⓒ シンプルフラワー（四弁花）（花芯：スワロフスキー・クリスタル）栗色、純白色×各2

※「シンプルフラワー」(P51)の作り方を参照して4枚の花びらで制作する。

2 組み立てる

①パーツをスカシパーツに接着剤で貼りつける。

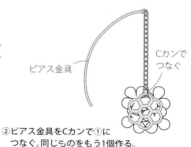

②ピアス金具をCカンで①につなぐ。同じらのをもう1個作る。

Ⓓ 小さなお花のドロップイヤリング

1 パーツを作る

Ⓐ シンプルフラワー（花芯：メタルビーズ）栗色×2

Ⓑ プチフラワー（花芯：無穴パール）雲色×2

Ⓒ プチフラワー（花芯：スワロフスキー・クリスタル）純白色×2

2 組み立てる

①パーツをスカシパーツに接着剤で貼りつける。

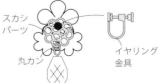

②チェコビーズにTピンを通し、先を丸めたパーツを2個作る。

③スカシパーツに②を丸カンでつなぐ。イヤリング金具をスカシパーツの裏（●）に接着剤で貼りつける。同じものをもう1個作る。

アイコンの説明 ▶ ブロッサム　シンプルフラワー　スリーペタル　プチフラワー

【E プチフラワーの2段ネックレス (P35、36)】
・共通
スカシパーツ
　（月・約9×32mm・ゴールド）★ …… 1個
丸カン（0.6×3mm・ゴールド）…… 2個
チェーンネックレス(K205・ゴールド)★ …… 1本

[E-1 栗色×くるみ色×ゆり色×純白色]
樹脂粘土
　（栗色、くるみ色、ゆり色、純白色）…… 各適量
SC（#2088・SS29・Lt.シルク）♠ …… 2個
無穴パール（丸・3mm・ホワイト）★ …… 3個
メタルビーズ（丸・1.5mm・ゴールド）…… 6個

[E-2 椿色×薄紅色×桜色×藤色×淡藤色×純白色]
樹脂粘土
　（椿色、薄紅色、桜色、藤色、淡藤色、純白色）…… 各適量
SC（#2088・SS29・色は下記参照）♠ …… 全4個
無穴パール（丸・3mm・ホワイト）★ …… 3個
※花の色と花芯の組み合わせは下記を参考に。
椿色 …………………………… シトリン
桜色 …………………………… ジョンキル
藤色 …………………………… シトリン
純白色 ………………………… ジョンキル

Mix color
ミックスカラー
掲載 p36

【A 花束ブローチ (P36)】
・共通
ブローチ金具
　（35mmスカシ付・ゴールド）★ …… 1個

[A-1 純白色×桜色×薄金色×淡藤色]
樹脂粘土（純白色）…… 適量
SC（#2088・SS34・シトリン）♠ …… 1個
ボールチェーン（K139・ゴールド）約2.1cm×1本
樹脂粘土（桜色）…… 適量
メタルビーズ（丸・3mm・ゴールド）…… 1個
樹脂粘土（薄金色）…… 適量
SC（#2088・SS12・ホワイトオパール）♠ …… 1個
ボールチェーン（K139・ゴールド）★ …… 約1.5cm×1本
樹脂粘土（淡藤色）…… 適量
無穴パール（丸・約3mm・ホワイト）★ …… 適量

[A-2 秋桜色×ゆり色×純白色×れもん色]
樹脂粘土（秋桜色）…… 適量
SC（#1088・SS29・ジョンキル）♠ …… 1個
石座（#1088用・SS29・ゴールド）★ …… 1個
樹脂粘土（ゆり色）…… 適量
メタルビーズ（丸・3mm・ゴールド）…… 1個
樹脂粘土（純白色）…… 適量
パール（半丸・6mm・ホワイト）…… 1個
ボールチェーン（K139・ゴールド）★ …… 約1.8cm×1本
樹脂粘土（れもん色）…… 適量
無穴パール（丸・約2mm・ホワイト）★ …… 1個
樹脂粘土（若草色）…… 適量

【B 小さなお花のリングブローチ (P36)】
[淡藤色×たんぽぽ色×氷色×純白色×桃色×桜色]
樹脂粘土
　（淡藤色、たんぽぽ色、氷色、純白色）…… 各適量
SC（#2088・SS12・シトリン）♠ …… 2個
パール（半丸・2mm・ホワイト）…… 適量
樹脂粘土（桃色、桜色、淡藤色）…… 各適量
SC（#2088・SS12・ジョンキル）♠ …… 4個
パール（半丸・2mm・ホワイト）…… 5個
ブローチ金具（メタルリング・約30.5mm・ゴールド）★ …… 1個

E プチフラワーの2段ネックレス

1 パーツを作る

Ⓐ プチフラワー（花芯：スワロフスキー・クリスタル）
E-1 純白色×2、
E-2 椿色、桜色、純白色×各1

Ⓑ プチフラワー（花芯：無穴パール）
E-1 栗色×3、
E-2 薄紅色、淡藤色、純白色×各1

Ⓒ プチフラワー（花芯：メタルビーズ）
E-1 くるみ色、ゆり色各1
※E-2は不要

Ⓓ 土台（長さ約3cm、厚さ約2mm）
純白色×1
※スカシパーツの大きさにそろえて作る。
※乾かさないでおく。

2 組み立てる

①1で作ったⒹの土台にパーツをバランスを見ながら接着剤で貼りつける。

②①をスカシパーツに接着剤で貼りつける。

③②に丸カンでニッパーで半分に切ったチェーンネックレスをつなぐ。

A 花束ブローチ

1 パーツを作る

[A-1]

Ⓐ マーガレット（花芯：スワロフスキー・クリスタル、ボールチェーン） ×1

Ⓑ スリーペタル（花芯：メタルビーズ） ×1

Ⓒ フラットフラワー（花芯：スワロフスキー・クリスタル、ボールチェーン） ×1

Ⓓ スターフラワー（花芯：無穴パール） ×1

Ⓔ スリーペタルの花びら ×1
※「スリーペタル」(P52)の作り方を参照して花びらのみを使う。

[A-2]

Ⓐ ブロッサム（花芯：スワロフスキー・クリスタル） ×1
※スワロフスキー・クリスタルは石座にセットしておく。

Ⓒ ハートフラワー（花芯：半パール、ボールチェーン） ×1

※ⒷⒹⒺは[A-1]と同様。
※[A-2]はⒺを2枚使う。

2 組み立てる

[マーガレットタイプ]　　[ブロッサムタイプ]

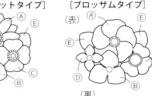

パーツを接着剤でブローチ金具に貼りつける。

B 小さなお花のリングブローチ

1 パーツを作る

Ⓐ シンプルフラワー（花芯：スワロフスキー・クリスタル）
淡藤色×1

Ⓑ シンプルフラワー（四弁花）（花芯：スワロフスキー・クリスタル）
※「シンプルフラワー」(P51)の作り方を参照して4枚の花びらで制作する。
純白色×1

Ⓒ シンプルフラワー（四弁花）（花芯：半パール）
たんぽぽ色、氷色×各1

Ⓓ プチフラワー（花芯：スワロフスキー・クリスタル）
淡藤色、桃色×各1、桜色×2

Ⓔ プチフラワー（花芯：半パール）
淡藤色、純白色、桜色×各1、桃色×2

2 組み立てる

P68のⒸと同じようにしてパーツをバランスよく接着剤で貼りつける。

❁ ゴージャスフリル　❀ マーガレット　❁ フラットフラワー　✣ スターフラワー　❁ ハートフラワー　❦ レディフラワー

79

Hanah 對馬亜実(つしまあみ)

石川県生まれ。裏千家学園茶道専門学校卒。2008年頃から樹脂粘土でお花モチーフのアクセサリー制作を始める。ハンドメイドマーケットサイト「minne」に出品を始め、発売後即完売も珍しくない人気作家となる。2015年【minneのハンドメイド大賞】で協賛企業賞「スワロフスキー社 クリエイトユアスタイル賞」受賞。現在はminneはもちろん、伊勢丹新宿店など百貨店の期間限定出店や、ホビーショーをはじめハンドメイドイベントへの出品など多方面で活躍中。著書に『樹脂粘土で作るHanahのお花アクセサリー』(KADOKAWA)。
Instagram：@hanah_accessory
HP：http://hanah-accessory.com/

STAFF
ブックデザイン　関根千晴、山岸蒔（株式会社スタジオダンク）
撮影　カバー・モデル・作品イメージ／古本麻由未、小林祐美
　　　プロセス／竹内浩務（株式会社スタジオダンク）、沖本明
モデル　増永かるりん（NMT.irc）
ヘア&メイク　鎌田真理子
編集　間有希、岸本乃芙子（株式会社スタジオポルト）
製図　白井麻衣

材料協力
株式会社パジコ
03-6804-5171
http://www.padico.co.jp/

株式会社貴和製作所
03-3863-5111（浅草橋本店）
03-3865-8521（浅草橋支店）
03-3865-5621（スワロフスキー・クリスタル館）
http://www.kiwaseisakujo.jp/

パーツクラブ（株式会社エンドレス）
0120-46-8290
http://www.partsclub.jp/

スワロフスキー・ジャパン株式会社
03-3262-3012
http://www.create-your-style.com/

※本書に掲載しているパーツ類は各企業ともに店舗により取り扱いの無い商品があります。また、予告なく商品が終了する場合もございますので、予めご了承ください。

衣装協力
西洋民芸の店　グランピエ
03-3405-7269
http://www.granpie.com

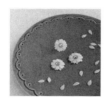

参考文献
『色彩ルールブック 色を上手に使うために知っておきたい基礎知識』（武川カオリ著／パイインターナショナル）
『ビーズカラーコーディネート ビーズの配色がわかる本』（大井義雄著／パッチワーク通信社）

⚠ attention
本誌掲載の作品を参考にした作品、類似作品、キットなどは、ハンドメイドマーケットやフリーマーケットなどへの出品をはじめとする営利目的では使用できません。個人利用の範囲内でお楽しみください。

樹脂粘土(じゅしねんど)で作(つく)る
ニュアンスカラーのアクセサリー
はないろ32色(しょく)

2018年1月18日　初版発行

著者　Hanah(はな)
発行者　川金　正法
発行　株式会社KADOKAWA
　　　〒102-8177　東京都千代田区富士見2-13-3
　　　電話　0570-002-301（ナビダイヤル）
　　　http://www.kadokawa.co.jp/
印刷　大日本印刷株式会社

本書の無断複製（コピー、スキャン、デジタル化等）並びに無断複製物の譲渡および配信は、著作権法上での例外を除き禁じられています。また、本書を代行業者などの第三者に依頼して複製する行為は、たとえ個人や家庭内での利用であっても一切認められておりません。

KADOKAWAカスタマーサポート
［電話］0570-002-301（土日祝日を除く11時〜17時）
［WEB］http://www.kadokawa.co.jp/
　　　　（「お問い合わせ」へお進みください）
※製造不良品につきましては上記窓口にて承ります。
※記述・収録内容を超えるご質問にはお答えできない場合があります。
※サポートは日本国内に限らせていただきます。

定価はカバーに表示してあります。
©Hanah 2018
©KADOKAWA CORPORATION 2018
Printed in Japan
ISBN978-4-04-896131-8 C0077